CHANTS
D'UN ENFANT DE MARIE;

RECUEIL 24,330

DE 100 CANTIQUES NOUVEAUX,

SUR DES AIRS NOUVEAUX AUSSI,

La plupart à plusieurs Voix, avec Accompagnement d'Orgue ou de Piano;

Par l'Abbé A. CUINET,

PRÊTRE DU DIOCÈSE DE BESANÇON.

CHEZ GUYOT FRÈRES,

A PARIS,   A LYON,
Rue du Petit-Bourbon, 5.   Rue de l'Archevêché; 2.

ET CHEZ LES PRINCIPAUX LIBRAIRES DE PROVINCE.

—

1850.

CHANTS

D'UN ENFANT DE MARIE.

Tous les exemplaires sont revêtus de la signature de l'auteur.

CHANTS

D'UN ENFANT DE MARIE;

RECUEIL

DE 106 CANTIQUES NOUVEAUX,

SUR DES AIRS NOUVEAUX AUSSI,

La plupart à plusieurs Voix, avec Accompagnement d'Orgue ou de Piano;

Par l'Abbé A. CUINET,

PRÊTRE DU DIOCÈSE DE BESANÇON.

CHEZ GUYOT FRÈRES,

A PARIS,   A LYON,
Rue du Petit-Bourbon, 3.   Rue de l'Archevêché, 2.

ET CHEZ LES PRINCIPAUX LIBRAIRES DE PROVINCE.

1850.

PRÉFACE.

Nous savons qu'il existe d'excellents *Recueils de Cantiques ;* nous n'ignorons pas que, tout récemment encore, d'estimables auteurs en ont publié dont le mérite est réel. Mais il nous a semblé qu'il pouvait nous être permis de mêler notre voix à leur voix, de chanter en même temps qu'eux le Dieu que nous adorons avec eux, de redire à notre manière et sous d'autres formes ce qu'ils ont pu dire avant nous, d'offrir aux fidèles des pensées et des sentiments qui n'avaient pas encore été exprimés, de nourrir et d'activer à notre tour la piété des enfants de Dieu.

A Dieu ne plaise que nous pensions à déprécier le travail des autres et à entraver leur action! Nous venons seulement essayer de les seconder ; et ne pouvions-nous pas ambitionner comme eux le bonheur de faire chérir Jésus et la bonne Mère? Dans un temps où la dévotion à la Sainte Vierge a pris de si grands accroissements, où la pratique du Mois de Marie s'est généralisée sans nuire aux pratiques plus anciennes, où le Cœur Immaculé de Marie est honoré partout, où tant de chrétiens se pressent autour des autels de l'Archiconfrérie pour la conversion des pécheurs, n'est-ce pas faire une œuvre louable que de donner un nouvel aliment à l'avidité de ce tendre amour, insatiable de moyens comme celui du ciel de jouissances? Il peut y avoir des avantages à se borner au chant d'un petit nombre de cantiques, qui,

plus souvent répétés, sont plus sûrement et plus fidèlement
retenus; mais l'impulsion est donnée, et il n'est guère possible aujourd'hui de faire revivre cette sainte ténacité de la
foi de nos pères. D'ailleurs, la variété et la nouveauté ont
aussi leurs avantages : elles rompent la monotonie, qui en-
fante si souvent l'indifférence ; elles produisent des émotions
plus vives et plus profondes ; une autre marche d'idées, une
autre expression, une autre modulation, inférieure peut-
être en mérite· à d'autres plus connues, peuvent toucher
subitement un cœur, ramener à la ferveur l'âme tiède et
mourante, et changer en pénitent le pécheur endurci.

   C'est sous l'empire de ces considérations que nous nous
sommes décidé à mettre au jour ce nouveau *Recueil de
Cantiques,* qui n'était point destiné d'abord à la publicité.
Nous le dirons ingénuement : souvent, dans l'élan de notre reconnaissance, dans l'impatience de notre amour,
nous regrettions de ne pas trouver, dans les livres en
usage parmi les fidèles, des accents qui répondissent à
tout ce que nous sentions, à tout ce que nous avions
envie de mettre dans la bouche et dans le cœur de ceux
qui chantaient ou entendaient chanter les cantiques qui em-
bellissent si heureusement nos cérémonies. Alors, dans la
simplicité et la naïveté de notre zèle, nous laissions notre
cœur s'épancher librement, nous nous mettions nous-même
à écrire, et nous formulions ainsi, dans une poésie sans
ambition, les pensées de la foi, les gémissements du repentir,
les vœux de l'espérance, et surtout les aspirations de l'amour.
Las d'entendre retentir encore, sous les voûtes sacrées de
tant de nos temples, des airs profanes qui le plus souvent

n'avaient été destinés qu'à glorifier les passions et qui avaient peut-être perverti bien des cœurs, nous faisions aussi nous-même la musique de nos Cantiques. Ces essais réussissaient; notre travail était goûté : les paroisses voisines accueillaient et adoptaient ces compositions, dont l'onction et la candeur faisaient assurément le principal et peut-être l'unique mérite; il nous revenait même de divers côtés que ces chants avaient eu plus d'une fois l'heureux privilége de faire couler quelques bonnes larmes. Enhardi par ces succès, encouragé d'ailleurs par des personnes dont les conseils auront toujours le droit de nous déterminer, nous avons recueilli ces compositions éparses, nous les avons coordonnées, complétées, soumises à la critique, à la collaboration même d'hommes compétents; et nous les publions aujourd'hui avec la même simplicité qui nous les a fait écrire, sans autre pensée que celle de procurer, s'il est possible, quelque gloire à notre Dieu, d'amener quelque cœur à Jésus et à Marie.

Ce n'est donc pas une œuvre d'art que nous prétendons donner, qu'on le sache bien : notre ambition ne va pas si loin, ou, pour mieux dire, c'est bien plus haut qu'elle s'élève; nous tentons une œuvre de piété, une œuvre à conséquences éternelles, en offrant aux pécheurs un nouveau moyen de revenir à la vertu, aux justes celui de s'affermir et de croître dans l'amour, à tous celui de se concilier le cœur de Jésus et le cœur de Marie, qui est après lui et par lui la tente du salut et la porte du ciel. Préoccupé de ce grand dessein, c'est à éveiller le sentiment que nous avons dû nous attacher, c'est au cœur surtout que nous avons dû nous adresser; et, nous l'avouons, c'est moins avec l'imagination qu'avec le cœur que nous avons écrit ces cantiques. Expression du cœur, ils en parlent le langage simple et naturel, et, nous le croyons, onctueux et touchant. En demeurant fidèle à la correction, à la clarté, à la précision, nous avons peu, trop peu accordé peut-être à l'ornement, dans la crainte d'étouffer le sentiment sous le fracas des paroles. Si nous n'avons pas pris l'essor hardi de la haute poésie, si notre marche est humble et timide, peut-être on nous saura bon gré d'un défaut qui assurera mieux l'effet de notre œuvre. En évitant la recherche, les tournures forcées, le vague désolant de tant de compositions où le fond est trop souvent sacrifié à la forme, peut-être, par la simplicité de notre faire, aurons-nous comblé une lacune et répondu à un besoin des cœurs chrétiens. Si nous sommes resté trop au-dessous de notre tâche, nous trouverons du moins notre excuse dans le but que nous nous étions proposé. On pardonnera sans peine au cœur d'un prêtre la sainte témérité, le saint aveuglement de l'amour; et si nos modestes essais étaient dédaignés, comme ils le seront peut-être, par ces demi-chrétiens qui n'ouvrent à la piété qu'autant qu'elle se présente revêtue des livrées du monde, nous nous consolerions facilement, dans la pensée que les âmes vraiment pieuses, qui cherchent Dieu avant tout, ne nous feraient pas défaut; et qu'au sein des villes, comme dans les hameaux les plus obscurs, il se trouverait toujours des âmes pures et aimantes qui goûteraient nos chants et en feraient leurs délices, parce qu'ils auraient secondé les sentiments de leurs cœurs.

C'est à ces âmes pures et célestes, c'est à vous, enfants de Marie de tout sexe et de tout âge, c'est à vous, aimable jeu-

nesse, qui grandissez sans tache au milieu d'un monde cor-
rompu, comme le lis croissant au milieu des épines, c'est à
vous, vierges ferventes, qui mettez votre bonheur à chanter
dans nos temples les louanges de la bonne Mère, que nous
offrons et dédions ces Cantiques, comme un témoignage de
notre sollicitude, comme un gage de notre dévouement. Le
besoin de vous parler de Jésus, de vous redire l'amour de
votre Mère, de vous les faire aimer de plus en plus afin qu'ils
vous aiment de plus en plus eux-mêmes, nous a seul inspiré
et soutenu dans ce travail. Puissent nos humbles accents
faire le charme de vos travaux et de vos douleurs, le charme
de vos délassements et de vos joies! Puissent les doux objets
que nous célébrons préoccuper vos pensées, enflammer vos
désirs, éveiller vos plus ferventes et vos plus tendres aspirations! Puissent les sentiments que nous exprimons s'implan-
ter au fond de vos cœurs, y jeter de profondes racines, y
faire fleurir toutes les vertus chrétiennes, y faire mûrir les
heureux fruits de la paix et de la vie!

Si le pécheur pouvait aussi facilement nous entendre, nous
lui dirions avec non moins d'amour que nous lui offrons nos
chants. O vous, qui avez abandonné Dieu, qui avez contristé
le cœur de votre Mère, si ce livre passait d'une main pure
dans la vôtre, chantez encore une fois avec nous celle qui
est le salut des faibles, le refuge des pécheurs, la porte du
ciel, celle à qui vous devrez un jour le ciel, à moins que
vous ne vous obstiniez à périr. Loin de vos cœurs, loin de
vos lèvres les chants corrupteurs des enfants du monde! Ils
laissent le malaise et le remords, ils n'empêchent pas le châ-
timent d'accourir, ils le hâtent au contraire. En chantant

Marie, vous retrouverez le calme, un commencement de joie et de bonheur, doux fruit de l'espérance ; en chantant Marie, vous retrouverez tout ce que vous avez perdu : il n'y a rien de désespéré quand on pense encore à Marie.

Venez donc, justes ou pécheurs, goûter avec nous les joies des enfants de Dieu, les seules qui soient solides, les seules qu'on ne puisse nous ravir, les seules qui puissent faire oublier quelque peu aux familles et aux individus les craintes et les agitations de nos temps malheureux. Venez, nous nous consolerons de l'exil, en redisant ensemble les hymnes des Anges, les chants des élus, les doux refrains du ciel, en redisant l'amour de notre Dieu, en célébrant et en implorant sa Mère qui est aussi la nôtre. Cette Mère tout aimable et toute puissante, qui vous prévient de sa tendresse et vous entoure de sa sollicitude, n'attend que le son de votre voix, que le murmure de votre prière, que le sourire de votre cœur, pour répandre sur vous ses faveurs et ses bénédictions. Venez, vous apprendrez à la connaître, à l'aimer ; vous apprendrez à la prier, vous invoquerez son cœur, son cœur de Mère ; et son cœur s'ouvrant pour vous deviendra votre asile, votre richesse, votre vie et votre bonheur ; vous aimerez à y reposer pendant les années de votre pèlerinage ; vous vous y endormirez doucement à votre dernière heure ; et à votre réveil, vous vous retrouverez sur ce cœur de votre Mère, comblés de ses caresses et portés par elle au sein des joies sans mélange et sans fin.

CHANTS
D'UN ENFANT DE MARIE.

MOIS DE MARIE.

Un ami, qui se proposait aussi de publier un Mois de Marie en cantiques, a bien voulu nous communiquer la pièce suivante, qui devait être la préface de son travail. Nous l'insérons ici comme l'expression des sentiments qui nous ont poussé nous-même à écrire. C'est qu'on retrouve dans ces belles strophes tout le cœur du prêtre.

JE VEUX CHANTER MARIE.

Ma lyre quelquefois a soupiré Marie,
Et le monde m'a dit : « Tu te perds dans les cieux...
» Poëte, au doux présent que ta muse sourie ;
» Chante notre bonheur et nos faciles dieux.
» Quel prix couronnera tes hymnes insipides ?
» Viens, nous te préparons, aimable troubadour,
» L'or, la gloire... » O ma Mère ! ils voudraient, les perfides,
    Me dérober à votre amour.

Moi, j'irais adorer leur fange et leurs idoles,
Quand j'ai du Dieu vivant admiré les splendeurs!
Moi, je pourrais chanter leurs voluptés frivoles,
Quand j'ai bu, par Marie, au torrent des douceurs!
Que m'importent votre or et votre gloire immonde?
L'immortel a-t-il faim de ce bonheur d'un jour?
Marie, oh! je préfère à tous les biens du monde
     Un sourire de votre amour.

Ou je brise mon luth, ou je chante Marie....
Que l'enfant de la terre, à mes pieux accents,
Se détourne : il le doit, lui dont l'âme flétrie,
Sans Dieu, sans avenir, rampe enchaînée au temps.
Fils du Ciel, moi je veux, par la sainte prière,
Charmer celle qui mène à l'éternel séjour ;
Et je demanderai tous les jours à ma Mère
     Qu'elle accroisse en moi son amour.

Oui, que je l'aime...; alors, bénissant mon partage,
Heureux d'être maudit par ses blasphémateurs,
J'affronterai joyeux le dédain et l'outrage,
Et je ne pleurerai qu'en sondant leurs malheurs.
J'irai prier pour eux à l'autel de Marie ;
J'irai par mes soupirs implorer leur retour;
Et peut-être, ô bonheur! ils reprendront la vie
     Au souffle puissant de l'amour.

Et s'ils veulent mourir, du moins, ô triste terre,
Des vrais enfants de Dieu tu n'es pas veuve encor :
J'irai, loin du pécheur, chanter la bonne Mère
Aux cœurs qui dans le Ciel ont caché leur trésor.
Ceux-là, pour recueillir l'or pur de mes cantiques,
Viendront, à flots pressés, m'entourer chaque jour;
Et quel bonheur pour moi, si des fronts angéliques
     Tombaient quelques larmes d'amour!

Le pauvre, l'orphelin, la mère désolée,
Le malade immobile au lit de la douleur,
Le pécheur éperdu, l'âme faible ou troublée,
Le fort armé qui tremble aux cris du tentateur,
La vierge en pleurs priant pour sa persévérance,
Le juste qui soupire après l'heureux séjour,
Tous béniront ma voix, la voix de l'espérance,
     La voix si douce de l'amour.

Et quand tout fermerait l'oreille à mes cantiques,
Et que la charité remonterait aux cieux ;
Quand seul, resté sans nom dans mes foyers rustiques,
Je ferais pour moi seul vibrer mon luth pieux ;
Seul demeuré fidèle à l'aimable Marie,
Seul je la chanterais jusqu'à mon dernier jour :
Elle voit, elle entend l'humble enfant qui la prie,
     Et c'est assez pour mon amour.

Quand je chante Marie, un rayon de la grâce
Tombe, et le feu divin régénère mon cœur :
Les liens sont brisés, l'iniquité s'efface,
La ferveur se ranime, et le Christ est vainqueur.
Enfant blessé, pleurant, au cri de ma tendresse
J'ai vu ma douce Mère attendrie à son tour :
Elle vient, me guérit, m'embrasse, me caresse,
     M'enivre de joie et d'amour.

Quand je chante Marie, armé d'un saint courage
Je me soumets en paix au travail, aux douleurs ;
Je souris à la Croix, je la veux pour partage,
Et je cours l'embrasser en essuyant mes pleurs.
Pèlerin du désert, j'ai vu la plaine aride
Se transformer soudain en un riant séjour :
Le désert refleurit quand on vous prend pour guide,
     O Mère de vie et d'amour !

Quand je chante Marie, une voix d'espérance
Vient consoler mon cœur tremblant pour l'avenir ;
Le Ciel douteux se rouvre, et, sûr de ma constance,
Je m'envole au repos sur l'aile du désir.
Pilote malhabile, entraîné par l'orage,
Au port, à la patrie arriverai-je un jour ?
Oui, l'Etoile des mers ramène au doux rivage,
      Quand on la cherche avec amour.

Et qui périt jamais, appuyé sur Marie ?
Qui (que l'enfer le dise) ? en quel siècle ? en quels lieux ?..
Et j'envirais mes chants à la Mère de vie,
A l'Arche du salut, à la Porte des Cieux !
Non, non.... Voici le temps où les âmes fidèles
A ses pieds vont gémir et chanter tour à tour :
Oh ! qu'il me sera doux d'entonner avec elles
      Les hymnes brûlants de l'amour !

A ses riants autels, tous les jours, dès l'aurore,
Je les devancerai pour lui vouer mon cœur ;
Ma main y portera la fleur qui vient d'éclore
Au parterre apprêté pour le mois du bonheur.
Et tandis que l'oiseau, par son joyeux ramage,
Salûra dans nos bois le doux réveil du jour,
Moi, plus joyeux encor, devant la sainte image
      J'épuiserai mes chants d'amour.

Puis, quand j'aurai tout dit à la Mère chérie,
Prêtre, j'irai m'asseoir au sacré tribunal,
Pour guérir le pécheur ramené par Marie,
Pour préparer le juste au festin nuptial.
A l'autel du bonheur je monterai moi-même :
A Jésus, à Marie enchaîné sans retour,
L'enfant qu'ils aiment tant redira qu'il les aime,
      Et qu'il voudrait mourir d'amour.

Cent et cent fois le jour, vers la Vierge très pure
Mon cœur, pour la bénir, s'élancera joyeux ;
Cent fois ce beau soleil, ces fleurs, cette verdure,
Ramèneront mon cœur à la Reine des Cieux.
Aux heures du loisir, je chanterai Marie ;
Et si l'âpre travail a dévoré le jour,
Je me délasserai, Vierge à jamais chérie,
      A chanter encor votre amour.

Et le soir, quand la cloche aura de la prière
Donné le doux signal aux pieux laboureurs,
Qu'ils viendront, haletants et couverts de poussière,
Pleurer devant Marie en comptant leurs douleurs,
J'irai, je salûrai la Mère d'espérance
Aux enfants de la Croix ouvrant l'heureux séjour ;
Et leur foi, souriant à l'auguste souffrance,
      Retrouvera ses chants d'amour.

Oui, je veux vous chanter, ô divine Marie,
Puisqu'au cri de l'amour l'exil devient si doux,
Puisqu'au cri de l'amour on court à la patrie,
Puisqu'au cri de l'amour on remonte vers vous.
Si mon cœur est à vous, ma voix, ô tendre Mère,
Doit vous bénir aussi jusqu'à mon dernier jour.
Puissé-je m'endormir, à mon heure dernière,
      En murmurant le nom d'amour !

Et quand, laissant tomber ma lyre détendue,
J'irai, libre du temps, sonder l'éternité,
Qu'à l'aspect du Très-Haut mon âme confondue
Tournera vers sa Mère un œil épouvanté,
Peut-être elle viendra, pour prix de ces louanges,
M'ouvrir en souriant l'ineffable séjour,
Et m'admettre à chanter, avec les chœurs des Anges,
      L'hymne de l'éternel amour.

CHANTS

D'UN ENFANT DE MARIE.

LA VEILLE DE MAI.

CHANT DU SOIR.

Air n° 1.

Les voici, les beaux jours consacrés à Marie !...
Oh ! depuis si longtemps j'en attends le retour !
Comme je vais offrir à ma Mère chérie
Et les chants du bonheur et les chants de l'amour !

CHŒUR.

Salut, beau mois ! viens consoler la terre ;
Viens l'embaumer du parfum de tes fleurs ;
Viens chaque jour redire à notre Mère
L'amour ardent qu'elle inspire à nos cœurs.

Aux pieds de son autel que n'ai-je ma demeure !
C'est là que ses enfants viendront se réunir :
Comme eux, moi, j'y viendrai m'incliner à toute heure,
Heureux de la prier, heureux de la bénir.

O Marie, ô ma Reine, ô Mère douce et tendre,
Que de soupirs brûlants mon cœur veut t'adresser,
Que de larmes d'amour tu me verras répandre !
Oh ! comment pourrais-tu ne pas les exaucer ?

Oui, dans ces jours heureux , mille fois ma prière
Sur l'aile de l'amour montera jusqu'à toi ;
Mille fois, s'élançant dans le cœur de sa Mère,
Mon cœur te redira son amour et sa foi.

A toi, dès aujourd'hui, je le jure, ô Marie,
A toi tout mon amour, tous mes transports pieux ,
Demain, pendant ce mois, pendant toute ma vie,
A l'heure du trépas, et puis toujours aux cieux !

PREMIER JOUR DE MAI.

Air n° 2.

Nous que l'amour aux pieds de notre Mère
A rassemblés pour la première fois,
Heureux enfants, dans ce doux sanctuaire,
Par nos transports saluons ce beau mois.

CHŒUR.

Bonne Marie ,
Mère chérie ,
Souris aux chants
De tes enfants ;
Bonne Marie ,
Mère chérie ,
Bénis ces heureux jours :
Veille sur nous toujours.

Prenez des fleurs pour tresser sa couronne ;
Embellissez à l'envi le saint lieu ;
D'un vif éclat faites briller son trône :
Rien n'est trop beau pour la Mère de Dieu.

Puisque son Fils lui donna tant de gloire,
Nous, ses enfants, exaltons ses grandeurs ;
Bénissons-la par nos chants de victoire :
Nous aurons part à ses douces faveurs.

En sa bonté tout notre espoir se fonde.
Que tout ici brûle de ses ardeurs ;
Aux chants du Ciel que la terre réponde :
Amour, amour à la Reine des cœurs !

Moi, désormais, subjugué par ses charmes,
Je veux l'aimer comme l'aimait son Fils,
L'aimer sans cesse en ce séjour de larmes,
L'aimer sans fin aux célestes parvis.

Comme une fleur, que le ciel fait éclore,
S'épanouit au matin d'un beau jour,
Ainsi mon cœur, qui t'aime et qui t'honore,
S'ouvre pour toi, douce Mère d'amour.

Remplis ce cœur, toi qui fais ses délices ;
Le jour, la nuit, partout sois avec moi ;
Et je vivrai béni sous tes auspices,
Et je mourrai pour m'envoler vers toi.

ELLE EST BONNE, MARIE.

Air n° 3.

Elle est bonne, Marie ! Oh ! comme elle nous aime !
Son œil veille sur nous, et sa main nous défend.
Aimez, aimez-la tous ! je veux l'aimer moi-même ,
L'aimer et la servir , car je suis son enfant.

CHŒUR.

Mère d'amour, si Dieu te fit si bonne
Et si riche en vertus ,
Ne faut-il pas que ton cœur nous redonne
Les biens qu'il a reçus ?
Donne, donne, Marie ,
Donne toujours ;
Que ta bonté sourie
A tous nos jours.

Elle est bonne, Marie ! Interrogeons l'histoire ,
Et d'un œil attentif parcourons l'univers :
Partout sont des autels élevés à sa gloire,
Partout le souvenir de ses bienfaits divers.

Elle est bonne, Marie ! Ah ! dès notre jeune âge,
Elle nous laisse en paix reposer sur son cœur.
Oh ! que l'homme est heureux sous ce doux patronage !
Tout charme, tout ravit, tout est paix et douceur.

Elle est bonne, Marie ! Au cœur humble et docile
Elle aime à prodiguer ses soins affectueux.
Elle plaint le méchant, et l'arbrisseau stérile
Porte encor, sous sa main , des fruits délicieux.

Elle est bonne, Marie ! Elle prie, et la terre
Voit couler par torrents les grâces du Seigneur ;
Elle prie, et Jésus, souriant à sa mère,
Sauve le juste, et court embrasser le pécheur.

Elle est bonne, Marie ! Ah ! j'ai dû le comprendre
Au jour où, me pressant sur son cœur maternel,
Elle me dit ce mot, qu'il est si doux d'entendre :
Sois à moi, mon enfant, et ta place est au ciel.

ELLE EST DOUCE, MARIE.

Air n° 18.

Elle est douce, Marie,
Douce pour ses enfants.
De la Mère de vie
Ecoutez les accents :
Mes enfants, vous dit-elle,
Pour goûter le bonheur,
Cachez-vous sous mon aile,
Reposez sur mon cœur.

Elle est douce, Marie,
Douce pour les cœurs purs,
Dont la pieuse vie
Aspire aux biens futurs.
Sa voix leur dit, Courage ;
Son cœur leur dit, Amour ;
Son aile les ombrage
Et la nuit et le jour.

Elle est douce, Marie,
Douce pour le pécheur.
A son âme noircie
Elle rend la blancheur ;
Sa bonté le ranime,
Et puis il est heureux ;
Elle a fermé l'abîme,
Elle a rouvert les cieux.

Elle est douce, Marie,
Douce pour l'orphelin.
Elle accourt et lui crie :
Enfant, viens sur mon sein ;
Ta perte est bien amère,
Amère est ta douleur :
Viens, je serai ta mère...
Je donne le bonheur.

Elle est douce, Marie,
Pour tous les malheureux.
Son âme est attendrie
A leurs cris douloureux :
Elle tarit leurs larmes,
Elle guérit leurs maux,
Et du sein des alarmes
Les ramène au repos.

Elle est douce, Marie,
A l'heure de la mort ;
Et celui qui la prie
Est sûr d'entrer au port.
Enfant de la victoire,
Dans l'éternel séjour,
Il chantera la gloire
De la Mère d'amour.

ELLE EST SAINTE, MARIE.

Air n° 18.

Elle est sainte, Marie !
Dès le sein maternel,
Elle fut affranchie
Du vice originel.
De la plus pure flamme
Toujours brûla son cœur ;
Rien ne put de son âme
Altérer la blancheur.

Dans la plus tendre enfance,
Elle va sans retour
Vouer son innocence
Au Dieu de son amour.
Saintement recueillie
A l'ombre des autels,
Elle cache sa vie
Aux regards des mortels.

En s'arrachant du temple,
Aux hommes corrompus
Elle apporte l'exemple
Des plus hautes vertus.
Admirable lumière
Etonnant tous les yeux,
En brillant sur la terre
Elle est déjà des cieux.

Ainsi, jusqu'à la tombe
Vivant du saint amour,

Cette pure colombe
D'amour mourut un jour.
Oh ! d'un si beau modèle
Rapprochez-vous, enfants :
Qu'elle est suave et belle,
La fleur des jeunes ans !

Que jamais rien d'immonde
Ne souille vos désirs.
Méprisez de ce monde
Les perfides plaisirs.
Passez votre jeunesse
Sous l'aile du Seigneur,
Riches de sa tendresse,
Heureux de son bonheur.

Pour imiter Marie,
A chaque instant du jour
Tournez vers la patrie
Des regards pleins d'amour.
Et qu'importe la terre?
Un jour, enfants pieux,
Cette divine Mère
Doit nous ouvrir les cieux.

JE VEUX T'IMITER, O MARIE.

Air n° 64.

O Marie, ô Vierge fidèle,
Miroir de grâce et de vertus,
O sainte Mère de Jésus,
Je veux te prendre pour modèle.

REFRAIN.

J'en fais le serment en ce jour,
Je veux t'imiter, ô Marie ;
Oui, comme toi, toute ma vie
Je veux servir le Dieu d'amour.

Je veux courir, courir sans cesse
Aux parfums de ta bonne odeur,
Et sur ton cœur former mon cœur,
Temple auguste de la sagesse.

Marcher ainsi, Vierge admirable,
Sur tes pas régler tous mes pas,
T'imiter en tout, n'est-ce pas
Suivre une route incomparable?

T'imiter, c'est briser la tête
Du vieux serpent, notre ennemi ;
Du péché c'est être affranchi,
C'est échapper à la tempête.

T'imiter, c'est orner mon âme
Des vertus qu'aime le Seigneur,
C'est enraciner dans mon cœur
Les fleurs brillantes qu'il réclame.

T'imiter, c'est donc me soustraire
Au vice, au chagrin, au malheur;
C'est être béni du Sauveur,
Béni de toi, ma douce Mère.

C'est être au chemin de la vie ;
C'est marcher, paisible et joyeux,
Vers le doux royaume des cieux...
Oui, je veux t'imiter, Marie !...

LEÇONS DE MARIE A SON ENFANT.

Air n° 22.

MARIE.

Mon cher enfant, veux-tu que ma tendresse
Te rende heureux en ce séjour mortel ?
Oh ! viens à moi ; viens, et dans la sagesse
Tu goûteras la paix et l'allégresse,
    Prémices du beau Ciel.

L'ENFANT.

Qu'ai-je entendu ? Dieu du Ciel, est-ce vous ?
Non, c'est ma Mère... oui, c'est sa voix, c'est elle...
Que son langage est pénétrant et doux !
Mère d'amour, je jure à vos genoux
    De vous être fidèle.

MARIE.

Encourageant, protégeant ton jeune âge,
J'ai mis ma joie à combler tes désirs.
J'ai droit d'attendre en retour quelque hommage,
Un peu d'amour... Celui qui m'aime, nage
    Au sein des vrais plaisirs.

L'ENFANT.

A ce torrent puissé-je m'enivrer !
J'irai du moins y puiser une goutte ;
A votre amour je viens me consacrer.
Mais que faut-il pour y persévérer ?
    Parlez, je vous écoute.

MARIE.

Porte avant tout les yeux sur le Calvaire :
On devient saint en regardant Jésus,
On quitte tout pour aimer un tel père...
Pense à sa vie, à celle de sa Mère ;
    Médite leurs vertus.

L'ENFANT.

Pour tant d'amour, est-ce trop de mon cœur ?
Je le comprends, il faudra que je l'aime,
Et qu'abjurant mon injuste froideur,
Je m'étudie à suivre le Sauveur,
    A vous suivre vous-même.

MARIE.

Pense à la mort, pense au jour des vengeances,
Pense encor plus au royaume des Cieux ;
Et, pour sauver tes hautes espérances,
Crains, mon enfant, les moindres imprudences,
    Sois ferme et courageux.

L'ENFANT.

Plus de retards ! oui, je veux pour toujours
Mourir au monde, et mourir à moi-même,
Mourir à tout, et consacrer mes jours
A mériter la grâce et le secours
    Du Dieu que mon cœur aime.

MARIE.

Pénètre-toi des leçons de ta Mère...
Je t'ai montré le chemin du bonheur ;
Suis-le toujours, mon fils, et persévère...
Tout passe, tout ! tout l'homme sur la terre,
    C'est d'aimer le Seigneur.

L'ENFANT.

Pour le servir, votre enfant, chaque jour,
Viendra prier son aimable patronne ;

Et, par vos soins affermi dans l'amour,
Auprès de vous, dans l'éternel séjour,
  J'irai prendre mon trône.

MARIE.

Le jour approche... ô mon enfant, courage !
Courage ! encore un généreux effort !
Satan voudrait te perdre dans sa rage ;
Mais ne crains rien : comment faire naufrage,
  Si près, si près du port !

L'ENFANT.

Il est donc vrai ! plus que quelques combats !...
J'entends déjà ma Mère qui m'appelle ;
Du haut des Cieux elle me tend les bras...
Adieu, vous tous que je laisse ici-bas...
  Je m'envole près d'elle.

NE M'OUBLIEZ PAS.

Air nº 21.

Sans mon amour la vie est bien amère.
Voulez-vous tous vivre heureux ici-bas?
Pensez à moi, car je suis votre Mère ;
  Oh ! non, non, ne m'oubliez pas.

REFRAIN.

Nous t'oublier, t'oublier, tendre Mère !
  Non, non, jamais...
Nous publirons jusqu'à l'heure dernière
  Tes doux bienfaits.

Du haut des cieux, de ma main tutélaire,
Dans la vertu je dirige vos pas ;
Et vous pourriez oublier votre Mère !
  Oh ! non, non, ne m'oubliez pas.

Quand pour frapper Dieu s'arme de son glaive,
Vite j'accours et je retiens son bras.
Si vous tombez, c'est moi qui vous relève...
    Oh! non, non, ne m'oubliez pas.

Le monde en vous souffle l'amour du vice,
En étalant à vos yeux ses appas ;
Enfants, enfants, restez à mon service ;
    Oh! non, non, ne m'oubliez pas.

Jusqu'à ce jour me suis-je fait attendre,
Dans vos dangers, dans vos nombreux combats?
Fut-il jamais une mère aussi tendre ?
    Oh! non, non, ne m'oubliez pas.

Lorsque l'orage éclate sur vos têtes,
Je vous réserve un abri dans mes bras ;
Je vous soustrais à l'horreur des tempêtes...
    Oh! non, non, ne m'oubliez pas.

Auprès du mien je vous prépare un trône ;
Avec bonheur, après votre trépas,
Sur votre front je mettrai la couronne.
    Oh! non, non, ne m'oubliez pas.

ALLONS A MARIE.

Air n° 48.

Allons à l'autel de Marie.
C'est là qu'on goûte le bonheur ;
C'est là qu'on retrempe son cœur ;
Oui, c'est sous son aile chérie
Qu'on trouve une nouvelle vie,
Une nouvelle et sainte ardeur.

Approchons tous, c'est notre Mère !
Oh ! comme elle aime ses enfants !
Comme elle accueille leurs présents !
Déposons dans son sanctuaire,
Avec l'encens de la prière ,
Les fleurs nouvelles du printemps.

Tombons aux pieds de notre reine ;
Par ses charmes pleins de douceur
Elle a captivé notre cœur.
Oh ! serrons bien la douce chaîne
Qui nous unit à notre Reine,
A la Mère du Dieu Sauveur.

ENFANTS, VENEZ A MARIE.

Air n° 28.

Enfants, oh ! venez à Marie ;
Venez vous cacher dans son cœur.
Le cœur d'une Mère chérie,
Ah ! c'est l'asile du bonheur.

Venez, venez ! c'est votre Mère,
La bonne Mère, heureux enfants.
Aimez-la bien, sachez lui plaire,
Consacrez-lui vos jeunes ans.

Venez ! c'est votre protectrice ;
Venez ! elle vous tend les bras.
Dans les sentiers de la justice
Elle dirigera vos pas.

Venez ! les plaisirs de la terre
Pourraient-ils arrêter vos cœurs ?
Venez ! l'amour de votre Mère
A mille fois plus de douceurs.

Venez, lorsque de la souffrance
Vous sentez l'aiguillon cruel.
Le doux baume de l'espérance
Coule de son cœur maternel.

Venez, quand l'ennemi vous presse,
Près d'elle chercher le repos :
Son inépuisable tendresse
Prévient ou guérit tous les maux.

Enfants, oh ! venez à Marie,
Venez vous cacher dans son cœur.
Le cœur de la Mère de vie
Donne la vie et le bonheur.

OH! SOIS MA MÈRE.

Air n° 20.

L'ENFANT.

Oh! sois ma Mère !
C'est toute ma prière ;
Reine aimable des cieux,
Sur moi jette les yeux.
Oh! sois ma Mère,
Et rends–moi triomphant !
Oh! sois ma Mère !
C'est toute ma prière ;
Oh! sois ma Mère !
Je serai ton enfant.

LA MÈRE.

Je suis ta Mère,
J'exauce ta prière ;
Je verse dans ton cœur
Les trésors du Seigneur.
Je suis ta Mère,
Et ma main te défend...
Je suis ta Mère,
J'exauce ta prière ;
Je suis ta Mère,
Oh! toi, sois mon enfant !

L'ENFANT.

Oh! sois ma Mère !
Je t'aime et te révère ;
Je t'ai donné mon cœur
Pour l'offrir au Seigneur.

Oh! sois ma Mère,
Et rends-moi triomphant!...
Oh! sois ma Mère!
Je t'aime et te révère;
Oh! sois ma Mère!
Je serai ton enfant.

LA MÈRE.

Je suis ta Mère,
Je t'instruis, je t'éclaire;
Pour t'enchaîner à moi,
Je veille près de toi.
Je suis ta Mère,
Et ma main te défend...
Je suis ta Mère,
Je t'instruis, je t'éclaire;
Je suis ta Mère,
Oh! toi, sois mon enfant!

L'ENFANT.

Oh! sois ma Mère!
Ma vie est bien amère;
Console mes douleurs,
Daigne essuyer mes pleurs.
Oh! sois ma Mère,
Et rends-moi triomphant!...
Oh! sois ma Mère!
Ma vie est bien amère;
Oh! sois ma Mère!
Je serai ton enfant.

LA MÈRE.

Je suis ta Mère,
Je comprends ta misère;
Au jour de tes combats,
Ta force est dans mon bras.

2

Je suis ta Mère,
Et ma main te défend...
Je suis ta Mère,
Je comprends ta misère ;
Je suis ta Mère,
Oh ! toi, sois mon enfant !

L'ENFANT.

Oh ! sois ma Mère
Au ciel et sur la terre !
Quand je fuirai ces lieux,
Reçois-moi dans les cieux.
Oh ! sois ma Mère,
Et rends-moi triomphant !...
Oh ! sois ma Mère
Au ciel et sur la terre !
Oh ! sois ma Mère !
Je serai ton enfant.

LA MÈRE.

Je suis ta Mère,
Ne crains pas, mais espère ;
Tu me verras un jour
Au céleste séjour.
Je suis ta Mère,
Et ma main te défend...
Je suis ta Mère,
Ne crains pas, mais espère,
Je suis ta Mère,
Oh ! toi, sois mon enfant !

MARIE, AH! C'EST MA MÈRE.

Air n° 23.

Marie, ah! c'est ma Mère!
Moi, je suis son enfant!
Et sa main tutélaire
Me soutient, me défend.
Marie, ah! c'est ma Mère!
Moi, je suis son enfant!

Marie, ah! c'est ma Mère!
Elle prend soin de moi;
C'est elle qui m'éclaire
Aux sentiers de la loi.
Marie, ah! c'est ma Mère!
Elle prend soin de moi.

Marie, ah! c'est ma Mère!
Oh! qu'elle a de douceur!
Elle entend ma prière,
Et sourit à mon cœur.
Marie, ah! c'est ma Mère!
Oh! qu'elle a de douceur!

Marie, ah! c'est ma Mère!
Tout me vient par ses mains.
Elle voit ma misère,
Et me comble de biens.
Marie, ah! c'est ma Mère!
Tout me vient par ses mains.

Marie, ah! c'est ma Mère!
Je l'aimerai toujours.
Dans son cœur sur la terre
Je passerai mes jours.
Marie, ah! c'est ma Mère!
Je l'aimerai toujours.

SUIS-MOI, JE MÈNE AU CIEL.

Air n° 8.

Mon cœur languit au désert de la vie.
Mais une voix douce comme le miel
Se fait entendre à mon âme attendrie.
Elle me dit : Suis-moi, je mène au ciel !

Ah ! c'est la voix de la Vierge que j'aime...
Elle me garde en ce séjour mortel ;
A chaque pas, dans son amour extrême,
Elle me dit : Suis-moi, je mène au ciel.

Rien n'est si doux que la voix d'une mère ;
Elle guérit le mal le plus cruel ;
Ma mère est là, quand la vie est amère ;
Elle me dit : Suis-moi, je mène au ciel.

Quand le méchant a déchaîné sa rage
Et que mon cœur est abreuvé de fiel,
Ma mère est là pour m'armer de courage ;
Elle me dit : Suis-moi, je mène au ciel.

Quand le démon me pousse au précipice
Et me prépare un malheur éternel,
En me tendant une main protectrice,
Elle me dit : Suis-moi, je mène au ciel.

Quand elle voit mon âme défaillante
Se désoler loin du port éternel,
Elle me dit, d'une voix caressante :
Courage encor ! bientôt viendra le ciel.

Quand s'éteindra le flambeau de ma vie,
En me montrant le royaume immortel,

Avec amour à mon âme ravie
Elle dira : Viens, viens, voici le ciel.

Mon âme alors s'envolera joyeuse ;
J'irai chanter son amour maternel,
Et recevoir la palme glorieuse...
Oh ! pour toujours je serai dans le ciel.

QU'ON EST HEUREUX SOUS SON EMPIRE.

Air n° 6.

Heureux celui qui vit près de Marie,
Qui vient prier au pied de son autel !
Près d'elle un jour, dans l'heureuse patrie,
Il régnera sur un trône immortel.

CHOEUR.

Vierge au divin sourire,
Reçois nos vœux.
Sous ton aimable empire
Qu'on est heureux !

Elle est l'appui de la débile enfance,
L'asile sûr qui l'arrache aux malheurs ;
Et, par ses soins, le lis de l'innocence
Epanouit en paix ses blanches fleurs.

Elle soutient la caduque vieillesse ;
Au moribond elle montre le ciel,
Parle à son cœur, lui sourit de tendresse,
Et puis l'endort sur son sein maternel.

De l'affligé c'est la douce espérance ;
Elle guérit ses cuisantes douleurs.
Quand on l'implore au jour de la souffrance,
Marie accourt, et sèche tous les pleurs.

Dans le danger elle nous encourage,
Elle nous aide au milieu des combats ;
Quand l'ennemi nous poursuit de sa rage,
Elle nous offre un asile en ses bras.

Enrôlons-nous sous la sainte bannière,
Fiers de porter de si nobles couleurs.
En vain Satan rugira de colère ;
Ses traits mortels n'atteindront pas nos cœurs.

Que sur ces cœurs repose son image,
Que dans ces cœurs règne son souvenir.
Heureux celui dont elle est le partage !
Jésus la donne à ceux qu'il veut bénir.

Encouragés par les plus sûrs oracles,
Dans son amour fixons-nous désormais.
Tout nous le dit : fallût-il des miracles,
Non, son enfant ne périra jamais.

JE SUIS HEUREUX PRÈS DE MA MÈRE.

Air nº 9.

Oh! que je suis heureux près de ma tendre Mère!
Près d'elle, un jour entier n'est pour moi qu'un instant.
Ailleurs, je n'ai trouvé qu'un bonheur éphémère ;
Là, c'est la paix du Ciel, c'est un bonheur constant.

CHŒUR.

Reine des Cieux, aimable Mère,
Oh ! qu'il est doux de te bénir !
Le vrai bonheur sur cette terre,
C'est de t'aimer, de te servir.

Oui, l'aimer, la servir !.. grand Dieu ! qu'elle a de charmes !
Que ses bienfaits sont grands, que son amour est doux !
De sa divine main elle sèche nos larmes ;
Et quand Dieu veut frapper, elle retient ses coups.

Souvent à mes regards elle offre une couronne,
La couronne que Dieu doit me donner au Ciel ;
Elle dit : Mon enfant, viens aux pieds de mon trône ;
Viens, tu la porteras sur ton front immortel.

O vous tous qui l'aimez, vous qui voulez lui plaire,
Accourez, pressez-vous autour de son autel ;
Implorez son appui par une humble prière,
Et reposez en paix sur son cœur maternel.

Vous surtout qui pleurez en ce séjour de larmes,
Venez près de Marie, elle essuira vos pleurs ;
Vous trouverez la paix au milieu des alarmes,
Vous verrez vos chagrins se changer en douceurs.

Auprès d'elle ici-bas il n'est plus de souffrance ;
Elle guérit nos maux en nous montrant les cieux ;
Courage ! nous dit-elle ; allez, pleins d'espérance :
Là-haut Dieu vous prépare un trône glorieux.

L'AIMER, C'EST MON BONHEUR.

Air n° 32.

T'aimer, ma Mère,
C'est le vœu de mon cœur ;
T'aimer, te plaire,
C'est là tout mon bonheur.
Pour t'aimer, ô Marie,
Tous les jours de ma vie
J'élargirai mon cœur.

Mon cœur t'appelle
Et s'élance vers toi ;
Vierge fidèle,
Vite tu viens à moi.
Enivré d'allégresse,
Moi, je redis sans cesse :
Je t'aime, et suis à toi !

A toi, Marie,
J'ai tout remis un jour ;
Mère chérie,
Souris à mon amour.
Tu vois combien je t'aime :
Daigne m'aimer toi-même
Jusqu'à mon dernier jour.

C'est toi qui donnes
Les roses et les lis ,
Toi qui couronnes
Là-haut, près de ton Fils.
Au Paradis j'aspire :
Au cœur qui le désire
Ouvre le Paradis.

MON CŒUR EST COMME AUX CIEUX.

Air n° 30.

J'appartiens à Marie ,
Oh ! sort plein de douceur !
Au printemps de ma vie
Elle a reçu mon cœur.

REFRAIN.

Mon cœur est à ma Mère !
Mon cœur est comme aux cieux :
Tous mes jours sur la terre
Seront des jours heureux.

Je vis sous son empire,
Je vis dans son amour ;
Pour elle je soupire,
Et la nuit et le jour.

Je fais tout pour lui plaire ,
C'est mon bien, ma douceur ;
Et plus je la révère ,
Plus je sens le bonheur.

Je m'endors sous son aile,
Bien doux est mon sommeil ;
Sa bouche maternelle
Sourit à mon réveil.

Oh ! le bel héritage
Que j'ai reçu du Ciel !
Qu'heureux est mon voyage
Vers le port éternel !

J'ai tout avec ma Mère,
(O sort délicieux !)
Le bonheur pour la terre,
Le bonheur pour les cieux.

TOUT A VOUS, O MA MÈRE !

(Prière de saint Louis de Gouzague.)

Air n° 8.

O Vierge toute bonne,
Mon espoir, mon bonheur,
Plein d'amour, je vous donne,
Je vous donne mon cœur.

CHŒUR.

Tout à vous, ô ma Mère,
Tout à vous pour toujours !
Je consacre à vous plaire
Le reste de mes jours.

Je vous donne mon âme;
Je veux vivre pour vous.
Vivre de votre flamme,
Est-il bonheur plus doux?

Je vous offre, ô Marie,
Mes peines, mes travaux.
O vous, dans la patrie,
Donnez-moi le repos.

Je vous offre mes larmes,
Mes soupirs de douleur.
Vous, après les alarmes,
Donnez-moi le bonheur.

Je vous offre ma joie.
Vous, la comblant un jour,
Faites que je vous voie
Au céleste séjour.

MARIE EST MON AMOUR.

Air n° 24.

Quand on vit pour Marie,
Oh ! comme on vit heureux !
Un doux parfum des cieux
Embaume alors la vie.

REFRAIN.

Marie est mon amour !
Je veux vivre pour elle ;
Je lui serai fidèle
Jusqu'à mon dernier jour.

Dès ma première enfance,
Je lui donnai mon cœur.
L'aimer est mon bonheur ;
L'aimer, mon existence.

L'aimer, c'est le ciel même...
Oui, je me crois au ciel,
Quand, au pied de l'autel,
Je lui dis que je l'aime.

L'amour fait que j'oublie
Tout le reste ici-bas ;
Le monde est sans appas
Quand on aime Marie.

Mille fois vers ma Mère
Montent mes cris d'amour.
Mille fois chaque jour
L'appelle ma prière.

Au temple, dès l'aurore,
Je viens pour la revoir ;
Dans les ombres du soir
Je viens la voir encore.

Je savoure en mon âme
Son divin souvenir :
Je ne puis contenir
Les ardeurs de ma flamme.

C'est assez, ô ma Mère,
Oh ! je suis trop heureux !..
Qu'aurai-je donc aux cieux,
Quand j'ai tant sur la terre ?

JE L'AIME !

Air n° 26.

Je l'aime, oh ! oui, je l'aime,
Et d'un amour extrême,
La reine de mon cœur,
La mère du Sauveur !
Elle est aussi ma Mère ;
Je l'aime, et, pour lui plaire,
Je redis chaque jour,
En m'épuisant d'amour :
      Je l'aime !

Je l'aime, oh ! oui, je l'aime !
Si l'enfer en blasphème,
Le Ciel s'en réjouit
Et Jésus en sourit.

Dans ma pieuse ivresse,
Je répète sans cesse
Ce mot délicieux
Qui doit m'ouvrir les cieux :
        Je l'aime!

Je l'aime, oh! oui, je l'aime!..
Sur mon front, anathème,
Si je laisse un seul jour
Refroidir mon amour,
Si jamais je l'oublie!
Mais non! toute la vie,
Je veux, plein de ferveur,
Redire avec bonheur :
        Je l'aime!

Je l'aime, oh! oui, je l'aime,
Et d'un amour extrême!..
A ses pieds, au saint lieu,
Je me sens tout en feu.
Oh! puisse enfin mon âme,
Sur des ailes de flamme,
Des degrés de l'autel
S'envoler vers le ciel!
        Je l'aime!

J'AIME MARIE.

Air n° 25.

J'aime Marie, et souvent ma prière
Va réclamer son appui bienfaisant ;
Souvent je dis : Je t'aime, ô douce Mère !
Elle répond : Je t'aime, ô mon enfant !

REFRAIN.

Oui, je t'aime, ô ma Mère !
Je t'aimerai toujours.
Oui, t'aimer sur la terre,
C'est vivre d'heureux jours.

J'aime Marie... oh ! qu'il fait bon près d'elle !
Mon cœur alors nage dans le bonheur.
Si je pouvais devenir infidèle,
Ah ! que j'expire aujourd'hui sur son cœur.

J'aime Marie... elle est mon espérance ;
Je veux toujours, oui, toujours la chérir.
De sa bonté j'attends ma délivrance,
Et le salut, quand il faudra mourir.

J'aime Marie... elle est bonne, elle est tendre :
Après Jésus, c'est mon plus doux trésor.
Vers elle un jour, pour la voir, pour l'entendre,
Pour être heureux, je prendrai mon essor.

J'aime Marie... oh ! sur l'aile des Anges,
Quand volerai-je au céleste séjour,
Où les cœurs purs célèbrent ses louanges
Dans les transports de l'éternel amour !

JE NE VOUS OUBLIERAI JAMAIS.

Air n° 46.

Mère de Dieu, dès ma naissance,
Vous m'avez entouré d'amour.
Mon cœur oublirait-il un jour
Ce qu'il doit à votre clémence ?

REFRAIN.

Oh ! non , jamais
De vos bienfaits
Mon cœur ne perdra la mémoire !
Jusqu'au dernier soupir,
Mon cœur veut vous chérir,
Mon cœur veut chanter votre gloire.

Guide assuré de ma jeunesse,
Vous m'entraînez vers le Seigneur.
Et je blesserais votre cœur,
Votre cœur si plein de tendresse !

Pour me préserver du naufrage,
Vous calmez les flots en courroux.
Et moi, je fuirais loin de vous,
Pour lutter seul contre l'orage !

Aux jours de ma douleur amère,
Vous venez essuyer mes pleurs.
Insensible à tant de faveurs,
Je renoncerais à ma Mère !

Vous m'avez fait , dès cette vie,
Goûter les prémices du Ciel.

Et moi , désertant votre autel ,
Moi , j'abjurerais la patrie !

Vous embellissez la couronne
Que me prépare le Seigneur.
Et je pourrais , par ma froideur,
Vous contrister, Mère si bonne !

TU SERAS MES AMOURS.

Air n° 4.

Dans ton amour, tendre Marie,
Oh ! que l'on goûte de douceurs !
Plus ton enfant t'aime et te prie,
Plus il mérite tes faveurs.

CHŒUR.

A tes pieds je le jure,
Marie, ô Vierge pure,
Tu seras mes amours,
Toujours.

Tu m'as montré tant de tendresse !
Je veux répondre à ta bonté,
Et , jusqu'aux jours de ma vieillesse ,
Te prouver ma fidélité.

Je veux, avec un nouveau zèle,
Et t'honorer et te bénir.
Oui, je veux vivre sous ton aile ;
Sous ton aile je veux mourir.

Ah ! je le sens, aimer sa Mère,
Non, rien n'est plus délicieux.
Je veux t'aimer sur cette terre,
Pour t'aimer toujours dans les cieux.

5

CONSÉCRATION D'UN JEUNE CŒUR A MARIE.

Air n° 7.

CHŒUR.

O Marie, ô ma tendre Mère,
Pour mériter votre secours,
Je viens consacrer à vous plaire
Mes premiers ans, mes plus beaux jours.

DUO.

Je tends les bras vers vous, Mère compatissante :
Pour conserver toujours l'innocente candeur,
En vos divines mains, reine auguste et puissante,
Je dépose mon cœur.

Je ne suis que d'hier au chemin de la vie,
Et le monde à mes yeux étale ses appas,
Et par mille démons mon âme est poursuivie :
Oh ! ne m'oubliez pas.

Voyez ! à chaque pas ce pauvre enfant chancelle...
Mais je crîrai vers vous la nuit comme le jour ;
Et pourrais-je périr, quand votre cœur recèle
Tant de biens, tant d'amour ?

On m'apprit votre nom dès le berceau, ma Mère ;
J'aime à le répéter, ce nom plein de douceur.
Et depuis que la foi m'a prêté sa lumière,
Ce nom fait mon bonheur.

J'ai senti dans mon cœur, dès qu'il put vous connaître,
S'allumer et grandir le feu de votre amour ;
Il me brûle, et je viens vous offrir tout mon être
Sans délai, sans retour.

Du sceau de vos enfants marquez mon front, Marie:
Hors de Dieu, hors de vous, que pourrais-je vouloir?
Mon choix est fait ; voilà mon avenir, ma vie :
    Aimer, mourir, vous voir.

Vous, de ce frêle enfant soyez toujours la Mère.
Demeurez près de moi, gardez à Dieu mon cœur.
Et puis, pour le grand jour où l'on quitte la terre,
    Gardez-moi le bonheur.

NOUS T'AIMERONS.

Air n° 6.

O chers enfants, qui voulez la sagesse,
Aimez, aimez la Mère de Jésus :
Vous aurez part aux dons de sa tendresse,
Et dans vos cœurs brilleront les vertus.
CHŒUR.
    Marie, ô tendre Mère,
        Nous le jurons,
    Oui, d'un amour sincère
        Nous t'aimerons.

L'aimer, l'aimer, quel rassurant présage !
C'est l'avant-goût de l'éternel bonheur.
A la servir son amour vous engage :
Oh ! qui pourrait lui refuser son cœur?

Si vous l'aimez, vous serez aimés d'elle,
Aimés des Cieux, protégés du Seigneur.
Pieux enfants, oh ! redoublez de zèle
Pour la bénir et pour lui rendre honneur.

L'enfant peut-il ne pas aimer sa Mère ?
Sa Mère ? Oh ! non, il lui doit le retour.
N'ayez qu'un cœur pour l'aimer, pour lui plaire ;
C'est par l'amour qu'on doit payer l'amour.

Pour vous son cœur est si bon et si tendre !
Oh ! pourriez-vous lui donner trop d'amour ?
Quand de l'amour vous pouvez tout attendre,
De plus en plus aimez-la chaque jour.

Pour animer votre pieuse flamme,
Allez souvent prier à son autel.
Son cœur, touché de l'ardeur de votre âme,
Vous comblera de tous les dons du Ciel.

VOUS SEREZ NOTRE MÈRE.

Air nº 13.

SOLO.
{ Dieu nous donna pour mère
La mère de son Fils.
De ce don salutaire
Reconnaissons le prix.

DUO.
{ Que tout ici l'honore et la révère ;
Que de nos cœurs s'échappent ces accents :

CHŒUR.
{ Toujours, toujours vous serez notre mère ;
Toujours, toujours nous serons vos enfants.

SOLO.
{ Cette mère si tendre
Dans nos maux nous guérit.
Nos cris se font entendre,
Elle accourt et sourit.

DUO. { En son amour que notre cœur espère ;
{ Et répétons, joyeux et triomphants :

CHŒUR. { Toujours , toujours vous serez notre mère ;
{ Toujours, toujours nous serons vos enfants.

SOLO. { Cette mère si bonne
{ Répond à tous nos vœux.
{ C'est elle qui nous donne
{ Tous les trésors des cieux.

DUO. { Pour être heureux, travaillons à lui plaire ;
{ Sans nous lasser, redisons nos serments :

CHŒUR. { Toujours, toujours vous serez notre mère ;
{ Toujours, toujours nous serons vos enfants.

SOLO. { Cette vierge fidèle
{ Toujours nous aimera.
{ Vivons, vivons pour elle :
{ Elle nous sauvera.

DUO. { C'est pour l'aimer que l'on vient sur la terre...
{ Chantons, chantons jusqu'à nos derniers ans :

CHŒUR. { Toujours , toujours vous serez notre mère ;
{ Toujours, toujours nous serons vos enfants.

TU NOUS SERAS TOUJOURS CHÈRE.

Air nº 54.

Entendez vous? C'est elle, c'est Marie!...
Allons, enfants, au cri de son amour.
A la bénir consacrons notre vie.
Jurons, jurons de l'aimer sans retour.

REFRAIN.

O bonne, ô tendre Mère,
Accueille nos serments.
Tu seras toujours chère
Aux cœurs de tes enfants.

Quand chaque jour sa bonté maternelle
Répand sur nous les plus riches faveurs,
Que chaque jour une flamme nouvelle,
Ravie au ciel, vienne embraser nos cœurs.

Pour plaire à Dieu, pour grandir en sagesse,
Pour avancer à grands pas vers le ciel,
Pour conquérir la terre de promesse,
Cachons nos cœurs dans son cœur maternel.

Que son saint nom à l'amour nous rappelle,
A chaque instant de la nuit et du jour.
La foi l'ordonne : après Dieu, c'est pour elle
Qu'on doit brûler du plus ardent amour.

Si le mondain, que sa parole enchaîne,
N'ose mentir à son serment d'honneur,
Oh ! pourrions-nous trahir l'auguste reine
A qui cent fois s'engagea notre cœur ?

A TOI TOUT NOTRE AMOUR.

Air n° 12.

Jusqu'au dernier jour de la vie,
Nous t'aimerons, tendre Marie.
    Pleins de ferveur,
    Avec bonheur,
De nos cœurs nous t'offrons l'hommage ;
C'est sans retour, c'est sans partage.
    Oui, Vierge, sans retour
    A toi tout notre amour !

CHŒUR.

C'est en toi, bonne Mère,
Que notre cœur espère ;
Soutiens-nous de ton bras,
Guide nos faibles pas.

Marie, ô Mère de tendresse,
Oui, nous te bénirons sans cesse.
    A tes genoux,
    Nous jurons tous
D'être de plus en plus fidèles ;
Nous voulons vivre sous tes ailes.
    Oui, Vierge, sans retour
    A toi tout notre amour !

T'aimer, oui, t'aimer sur la terre !...
Nous l'avons juré, tendre Mère.
    Au ciel un jour,
    Ivres d'amour,
Nous célébrerons tes louanges ;
Nous redirons avec les Anges :
    Oui, Vierge, sans retour
    A toi tout notre amour !

SOYEZ BÉNIE.

Air n° 29.

Que je serais heureux,
Si, pour aimer ma Mère,
Les enfants de la terre
Avaient l'ardeur des cieux !

REFRAIN.

Soyez bénie ,
Tendre Marie !
Je redis nuit et jour
Ce doux refrain d'amour :
Soyez bénie,
Tendre Marie ,
Dans ce séjour mortel,
Comme au plus haut du ciel !

Allons souvent la voir,
Cette Mère chérie.
On sent près de Marie
Renaître son espoir.

Ne l'oublions jamais,
Cette Mère si bonne.
C'est Dieu qui nous l'ordonne,
Aimons-la désormais.

Consacrons-lui nos cœurs ,
Elle a droit d'y prétendre,
Cette Mère si tendre,
Prodigue de faveurs.

Marchons jusqu'au trépas
A l'ombre de son aile ;
Et sa main maternelle
Assurera nos pas.

Pour prix de notre amour,
Près de son Fils, près d'elle,
Dans la gloire éternelle,
Nous régnerons un jour.

J'AIME TON SANCTUAIRE.

Air n° 11.

CHŒUR.

Séjour de paix
Si plein d'attraits,
Saint temple de Marie,
Que j'aime à te revoir !
Que je voudrais pouvoir
Finir ici ma vie !

SOLO.

J'aime ton sanctuaire,
O Reine de mon cœur !
J'y trouve le bonheur,
Car j'y trouve une Mère.

Oh ! quelles douces larmes
On verse auprès de toi !
Ici toujours pour moi
L'amour a plus de charmes.

Comment pourrais-je vivre
Loin de ton saint autel ?

En me montrant le Ciel
Tu me dis de te suivre.

Ici ta voix si douce
Console ma douleur.
Ici, du tentateur
Le trait mortel s'émousse.

Ici par tes promesses
Tu sais m'encourager,
Ici me soulager
Par tes saintes caresses.

Ici tu m'environnes
D'une vive clarté ;
Des dons de ta bonté
Ici tu me couronnes.

Oh ! c'est ici, Marie,
Qu'est la porte des cieux.
J'y passerai ma vie ;
J'y mourrai bienheureux.

UN ENFANT SEUL DEVANT L'AUTEL DE MARIE.

Air n° 44.

Me voici seul, seul auprès de ma Mère ;
Tous ses enfants ont quitté son autel.
Pour l'honorer en ce doux sanctuaire,
Je vais m'unir aux saints Anges du Ciel.

REFRAIN.

C'est ton enfant, ton enfant, ô Marie !...
Tends-moi les bras, presse-moi sur ton cœur.
Souris, ô Vierge, à mon âme attendrie ;
Verse sur elle un torrent de bonheur.

Dieu seul me voit... je puis m'approcher d'elle,
Baiser son front, embrasser ses genoux.
Elle rendra mon âme plus fidèle,
Mon cœur plus pur, et mon bonheur plus doux.

Dieu seul m'entend..., je puis donc tout lui dire,
Ouvrir mon cœur, dévoiler mon secret,
Ou bien prêter ma bouche au doux sourire...
Près d'une Mère on n'est point indiscret.

Je puis en paix laisser couler mes larmes,
Je puis à l'aise exhaler mes soupirs,
La contempler, m'enivrer de ses charmes...
Elle comprend mes regards, mes désirs.

Je vois, je sens combien elle est clémente,
Combien son cœur est tendre et généreux.
Ici déjà son doux aspect m'enchante ;
Oh ! dans le ciel qu'il doit me rendre heureux !

J'AIME SES FÊTES.

Air n° 24.

Voici, voici la fête
De la Reine des cieux.
Un jour plus radieux
Va briller sur ma tête.

REFRAIN.

Près d'elle en ce beau jour
Que l'amour nous rassemble ;
Et jurons tous ensemble
De l'aimer sans retour.

Ses fêtes ont des charmes
Pour tous les cœurs aimants.
Dans ces heureux moments,
Coulent de douces larmes.

Comme le cœur s'enflamme
Au pied de son autel !
Il me semble qu'au ciel
Va s'envoler mon âme.

J'entends chanter les Anges,
Et je chante avec eux ;
Dieu sourit à mes vœux
Et bénit mes louanges.

Qu'il me tarde, ô Marie,
D'exalter tes grandeurs,
Ton amour, tes faveurs,
Dans l'heureuse patrie !

Ecoute ma prière :
De tes fêtes, aux cieux,
Puissé-je glorieux
Célébrer la première !

AMOUR A MARIE.

(Pour une de ses Fêtes.)

Air n° 14.

Dans ces augustes lieux une voix nous rappelle :
C'est la Reine des cieux, c'est la Vierge fidèle,
    Qui nous dit en ce jour :
    Donnez-moi votre amour.

CHŒUR.

Ouvrons-lui tous notre âme tout entière ;
    Donnons-lui notre cœur ;
    Et répétons en chœur :
    Honneur, amour, à notre Mère !

Au pied de son autel quel charme nous attire ?
Ah ! c'est ce mot divin qu'elle aime à nous redire :
    Mes enfants, dès ce jour
    Donnez-moi votre amour.

Venez, enfants chéris ; venez, c'est votre Mère
Qui veut vous rendre heureux ; venez la satisfaire.
    Mes enfants, dès ce jour
    Donnez-moi votre amour.

Vous savez, mes enfants, combien mon cœur vous aime;
Cédez, il en est temps, à mon amour extrême.
    Mes enfants, dès ce jour
    Donnez-moi votre amour.

Oh ! que j'aime à vous voir rangés près de mon trône !
Ma main vous tend déjà l'immortelle couronne...
    Aujourd'hui sans retour
    Donnez-moi votre amour.

C'EST EN TOI QUE J'ESPÈRE.

Air n° 36.

Mes ennemis contre moi se déchaînent ;
Pour m'accabler ils redoublent d'effort ;
Faible, impuissant, vers l'abîme ils m'entraînent...
Reine des cieux, prends pitié de mon sort.

REFRAIN.

C'est en toi que j'espère ;
Ecoute ma prière,
Toi qui vois mes combats :
Défends-moi de ton bras,
Ma mère !

Autour de moi Satan rugit de rage,
Ah ! s'il allait s'emparer de mon cœur !...
O toi, l'appui, le salut du jeune âge,
Préserve-moi de cet affreux malheur.

Le monde cherche à m'asservir au vice,
Par les faux biens qu'il étale à mes yeux...
O toi toujours, divine protectrice,
Guide mes pas dans le chemin des cieux.

Je vois partout les plus sombres nuages,
Ah ! dans mon cœur ils ont jeté l'effroi ;
Je n'entends plus que le bruit des orages...
Du haut du ciel veille, veille sur moi.

Je suis encor si loin de la patrie !
Sans ton amour comment y parvenir ?
Il n'est pour moi que dangers dans la vie...
Viens, ô ma mère, oh ! viens me secourir.

A ton enfant assure la victoire,
Daigne avec lui combattre nuit et jour ;
Et mon salut, mon bonheur et ma gloire,
Je les devrai, ma Mère, à ton amour.

JE CHANTE CELLE QUE J'AIME.

Air nº 10.

Brûlant de l'ardeur extrême
Qui consume les élus,
Je chante celle que j'aime,
La mère de mon Jésus.

CHŒUR.

O Marie,
Je publie
Et ta gloire et ton amour.
Je t'honore,
Je t'implore,
Je te bénis nuit et jour.

Je célèbre ta puissance,
Et ta divine grandeur.
Oh ! bénis mon indigence,
Et viens visiter mon cœur.

Je célèbre avec les Anges
Tes admirables vertus.
Bénis, bénis mes louanges ;
Rends-moi digne de Jésus.

Je célèbre ta clémence
Et ton aimable douceur.
Oh ! bénis mon espérance,
Et sauve encore un pécheur.

Je célèbre ta tendresse,
Et tes bienfaits précieux;
Bénis mes chants d'allégresse ;
Éternise-les aux cieux.

BÉNIS MES CHANTS.

Air n° 10.

Bénis mes chants, ô ma Mère ;
Bénis mes transports d'amour,
L'heureux serment de te plaire
Que mon cœur fait en ce jour.

CHŒUR.

O Marie,
De ma vie
L'espoir, l'amour, le bonheur !
Vierge pure,
Je le jure,
Tu régneras dans mon cœur.

Bénis mes chants d'allégresse,
Et souris à mon bonheur.
Donne, ô Mère de tendresse,
Ce qu'attend encor mon cœur.

Bénis mes chants d'espérance,
Bénis l'élan de ma foi.
Garde, ô Mère d'innocence ,
L'enfant qui se donne à toi.

Bénis mes chants de victoire,
O Reine des bienheureux.
Fais qu'un jour, brillant de gloire,
J'entonne les chants des cieux.

ÉLANS PIEUX.

Air n° 33.

Mère chérie,
Bonne Marie,
Nous t'honorons ,
Nous t'implorons.
Vois l'ardeur qui nous presse :
Sur nous , dans ta tendresse ,
A pleines mains
Répands tes dons divins.

Vierge propice,
Dans ton service
Tout est douceur,
Tout est bonheur :
Heureux qui te révère,
Heureux qui sait te plaire !
Dieu le chérit ;
Tout le ciel lui sourit.

Vierge si chère,
Aimable mère,
Guide nos pas
Jusqu'au trépas.
Qu'un jour, l'âme ravie,
Saluant la patrie
Avec transport,
Nous arrivions au port.

Vierge puissante,
Reine clémente,

4

Remplis nos vœux,
Ouvre les cieux.
Enfants de la victoire,
Nous chanterons ta gloire
Et ton amour
Dans cet heureux séjour.

INVOCATIONS.

Air n° 34.

O toi, l'objet de mon amour,
Toi, mon trésor, douce vierge Marie,
Pour m'alléger le fardeau de la vie,
Demeure avec moi nuit et jour.

O toi, l'asile du pécheur
(Ah! j'ai péché dès ma première enfance),
Pour me soustraire aux coups de la vengeance,
Porte-moi toujours dans ton cœur.

O toi, le secours du chrétien,
Tour de David, aux démons formidable,
Pour me sauver de leur rage implacable,
Sois mon abri, sois mon soutien.

O toi, fleur de suave odeur,
O lis brillant, ô rose sans épines,
Pour m'enrichir de tes vertus divines ,
Répands tes parfums dans mon cœur.

O toi, l'astre du pèlerin,
Toi d'Israël la colonne bénie,
Pour assurer mes pas vers la patrie,
Précède-moi, flambeau divin.

O toi, le puits mystérieux
Qui garde l'eau de la vie éternelle,
Verse en mon cœur, pour qu'il reste fidèle,
Les trésors que tu tiens des cieux.

O toi, la tente du repos,
Port du pilote épuisé par l'orage,
Au dernier jour de mon rude voyage
Recueille-moi, finis mes maux.

O toi, sainte porte du ciel,
La nouvelle Eve et la mère de vie,
Après la mort, à mon âme, ô Marie,
Ouvre le royaume éternel.

INVOCATIONS TIRÉES DES PRIÈRES DE L'ÉGLISE.

Airs nos 31 et 35.

Priez pour nous, sainte Vierge Marie,
Reine du Ciel, Mère du Rédempteur ;
Dans son amour, Jésus vous a choisie
Pour nous conduire au chemin du bonheur.

Priez pour nous, Vierge toute puissante
Que le Très-Haut ne repousse jamais ;
Sur vos enfants, mère bonne et clémente,
A pleines mains répandez vos bienfaits.

Priez pour nous, arche de l'alliance,
Salut du juste, asile du pécheur ;
Obtenez-nous la force et la prudence,
Et du péché dégagez notre cœur.

Priez pour nous, ô phare de lumière,
Astre des mers, salut des matelots ;
Eclairez-nous, étoile matinière,
Et sauvez-nous de la fureur des flots.

Priez pour nous, ô blanche tour d'ivoire,
Tour de David, impénétrable tour ;
Sur les enfers donnez-nous la victoire,
Et que Dieu seul règne en nous sans retour.

Priez pour nous, ô miroir de justice,
Palais d'or pur, saint temple des vertus ;
Que dans nos cœurs la sagesse fleurisse,
Et que ses fruits réjouissent Jésus.

Priez pour nous, lis pur, rose mystique,
Rose exhalant les plus douces odeurs ;
Accordez-nous une vie angélique,
Dont le parfum attire à Dieu des cœurs.

Priez pour nous, Vierge aimable et fidèle,
Notre trésor, notre espoir le plus doux ;
Jusqu'à la fin couvrez-nous de votre aile,
Consolez-nous, aimez-nous, sauvez-nous.

Priez pour nous, échelle de la vie,
Porte du Ciel, doux repos des mourants ;
Venez à nous au jour de l'agonie,
Pour nous ouvrir la terre des vivants.

Priez pour nous, ô Reine glorieuse,
Que tous les saints bénissent à genoux ;
De votre main miséricordieuse
Un jour, comme eux, au ciel couronnez-nous.

BÉNIS-MOI.

Air nᵒ 31.

Je te bénis, douce Vierge Marie,
Toi que jamais on n'a bénie en vain.
Viens à ton tour me bénir, je t'en prie ;
Oh ! bénis-moi de ta divine main.

Je te bénis, c'est de toute mon âme ;
Heureux enfant, je m'endors sur ton sein.
Toi, pour donner plus d'ardeur à ma flamme,
Oh ! bénis-moi de ta divine main.

Je te bénis, au jour de l'allégresse,
Quand resplendit un ciel pur et serein.
Toi, pour nourrir ma joie et mon ivresse,
Oh ! bénis-moi de ta divine main.

Je te bénis, quand, au jour des alarmes,
Mon cœur blessé cherche un baume divin.
Toi, pour tarir la source de mes larmes,
Oh ! bénis-moi de ta divine main.

Je te bénis, quand le bruit de l'orage,
Bruit plein d'effroi, vient me frapper soudain.
Toi, pour m'aider à voguer sans naufrage,
Oh ! bénis-moi de ta divine main.

Je te bénis tous les jours de ma vie ;
Comment mon cœur oublirait-il le tien ?
Toi, pour guider mes pas vers la patrie,
Oh ! bénis-moi de ta divine main.

Je te bénis en ce séjour de larmes ;
Puissé-je au Ciel t'aller bénir demain !
Toi, pour m'ouvrir ce séjour plein de charmes,
Oh ! bénis-moi de ta divine main.

SOUPIRS D'AMOUR.

Air n° 27.

En soupirant mille fois, ô Marie,
Oui, mille fois je t'offre chaque jour,
Et les désirs de mon âme attendrie,
Et les transports de mon cœur plein d'amour.

En soupirant, ma Mère, je t'implore ;
Je te bénis jusque dans mon sommeil ;
Et, bien avant le lever de l'aurore,
Pour te prier, j'ai fixé mon réveil.

En soupirant je dis combien je t'aime ;
Tu me réponds, en souriant d'amour :
« Dès ton berceau si je t'aimai moi-même,
» Tu dois m'aimer jusqu'à ton dernier jour. »

En soupirant je te livre mon âme,
J'ouvre mon cœur à tes chastes attraits.
Chaque soupir renouvelle ma flamme,
Chaque soupir m'apporte des bienfaits.

En soupirant je te fais ma prière ;
Tu la reçois dans ton cœur maternel.
Exauce-la, fais qu'en quittant la terre
J'aille t'aimer au séjour éternel.

VIENS A MOI.

Air n° 52.

Douce Marie,
Je t'ai donné ma foi ;
Mère chérie,
Je veux n'être qu'à toi.
Toi, reine de puissance,
Toi, reine de clémence,
Viens, et sois toute à moi.

Mon cœur t'appelle,
Hâte-toi d'accourir ;
Vierge fidèle,
Oh! viens, viens me bénir.
Sans toi je dégénère ;
Mais avec toi, ma mère,
Peut-on jamais périr?

Ce cœur fragile,
Tu le raffermiras ;
Ce champ stérile,
Tu le féconderas.
Extirpant les épines,
De semences divines
Tu le repeupleras.

Viens dans mon âme
Rallumer ton amour ;
Donne à ma flamme
Plus d'ardeur chaque jour.
Qu'heureux de ta tendresse,
Je dise, en mon ivresse :
J'aime, et c'est sans retour.

Oui, viens, ma mère,
Me rendre plus constant.
Mon cœur l'espère ;
Je te dois déjà tant !
Oh ! garde-moi, Marie ;
Sois ma force et ma vie
Jusqu'au dernier instant.

Viens, viens encore,
Quand il faudra mourir,
Et sois l'aurore
De mon doux avenir.
Ta main tient ma couronne :
Au ciel, Mère si bonne,
Daigne tout accomplir.

SUPPLICATIONS A LA MÈRE DU BEL AMOUR.

Air n° 61.

Bonne Marie, écoute ma prière :
C'est un enfant qui t'apporte ses vœux.
Du saint amour auguste sanctuaire,
Vierge, en mon cœur allumes-en les feux.

Tu fus toujours la Mère la plus tendre ;
Tu fus toujours le plus aimant des cœurs...
A tant d'amour si je ne puis prétendre,
Du moins ranime et soutiens mes ardeurs.

Souvent l'amour te fit verser des larmes...
Daigne donner des larmes à mes yeux.
Pour moi l'amour aura de nouveaux charmes ;
Les pleurs d'amour sont l'avant-goût des cieux.

Pour ton Jésus tu soupirais sans cesse...
Pour mon Jésus donne-moi des soupirs ;
Oh ! nuit et jour excite ma tendresse,
Et vers Jésus élève mes désirs.

Tu ne brûlais que de sa sainte flamme...
Oh ! comme toi si je pouvais l'aimer !
Oh ! si le feu qui consumait ton âme,
Dès aujourd'hui pouvait me consumer !

Si tu l'aimas jusqu'au soir de la vie,
Je veux l'aimer jusqu'à mon dernier jour...
Entre tes bras que je meure, ô Marie,
Par un élan, par un soupir d'amour.

Oh ! viens, ma mère, à mon dernier passage,
Viens m'endormir de ton sommeil heureux :
Mon œil éteint, fermé sur ton image,
Se rouvrira pour te voir dans les cieux.

PRIEZ DIEU POUR MOI.

Air nº 37.

O Marie, ô ma tendre Mère,
Vous voyez ma douleur amère,
Et les alarmes de ma foi.
Aux cris pressants de ma détresse,
Accourez, Mère de tendresse ;
Oh ! priez, priez Dieu pour moi !

Partout le danger m'environne ;
Tout sur la terre m'abandonne,

Tout m'inspire un mortel effroi.
Je vais périr... Reine puissante,
Exaucez ma voix suppliante :
Oh! priez, priez Dieu pour moi !

Satan, qui connait ma faiblesse,
Pousse mon aveugle jeunesse
A trahir mon Maître et mon Roi.
Hé quoi! je deviendrais parjure !
Non , jamais... Je vous en conjure,
Oh! priez, priez Dieu pour moi !

Contre moi le monde conspire,
Et par un perfide sourire
Il veut m'attirer sous sa loi.
Ne m'oubliez pas, ô Marie ;
Et pour m'assurer la patrie,
Oh! priez, priez Dieu pour moi !

Prenez soin de toute ma vie,
C'est en vous que je me confie ;
Je viens vous engager ma foi.
Ah! quand il faudra que je meure,
Pour m'ouvrir l'heureuse demeure,
Oh! priez, priez Dieu pour moi !

PRIEZ POUR NOUS.

Air nº 16.

SOLO.

Priez pour nous,
Sainte Vierge Marie ;
Nous avons tous
Recours à vous.
Priez pour nous,
Sainte Vierge Marie,
Mère toujours chérie,
Notre espoir, notre vie ;
Priez pour nous.

CHŒUR.

Priez pour nous, quand Dieu, dans sa colère,
Pour nous frapper tient le glaive vengeur.
Oh ! dites-lui que vous êtes sa Mère,
Que nous frapper c'est percer votre cœur.

Priez pour nous, quand, redoublant de rage,
Satan s'efforce à captiver nos cœurs.
Ne laissez pas tomber dans l'esclavage
Ceux dont la voix réclame vos faveurs.

Priez pour nous, quand le cri des alarmes,
Montant au ciel, vous apprend nos chagrins.
Le Tout-Puissant, subjugué par vos larmes,
Nous comblera de ses bienfaits divins.

Priez pour nous, quand, au bruit des orages,
Nos cœurs glacés frémissent de terreur.
A votre voix, dissipant les nuages,
Dieu nous rendra le calme et le bonheur.

Priez pour nous, à notre heure dernière;
Et votre Fils, cédant à votre amour,
Viendra d'en haut, tout brillant de lumière,
Pour nous porter dans l'éternel séjour.

PRIEZ POUR NOUS, QUI SOUFFRONS SUR LA TERRE.

Air n° 15.

Priez pour nous,
Qui souffrons sur la terre,
Priez pour nous.
Rien n'est si doux
Que le cœur d'une mère :
De la douleur amère,
Des cris pressants
De vos enfants
Montrez-vous attendrie,
Bonne Vierge Marie ;
Priez pour nous.

Priez pour nous,
Que tourmente l'orage,
Priez pour nous.
Hélas ! sans vous
Jetés loin du rivage,
Dans un triste naufrage,
Nous péririons ;
Nous tomberions,
Malheureuses victimes,
Au fond des noirs abîmes.
Priez pour nous.

Priez pour nous,
Qu'agitent tant d'alarmes,

Priez pour nous.
A vos genoux
Nous répandons des larmes,
Pour trouver quelques charmes
A nos douleurs ;
Dans nos malheurs,
Nous répétons sans cesse
Le cri de la détresse :
Priez pour nous.

Priez pour nous,
Au sortir de la vie ;
Priez pour nous,
Afin que tous,
Admis dans la patrie,
Nous puissions, ô Marie ,
Près des élus,
Près de Jésus,
Par des chants de victoire,
Célébrer votre gloire.
Priez pour nous.

EXAUCE-NOUS, ET SAUVE TES ENFANTS.

Air n° 35.

Reine des cieux, ô tout aimable Mère,
Prête l'oreille à nos pieux accents.
Toujours ton Fils exauce ta prière ;
Oh ! toi toujours exauce tes enfants.

Sans te lasser, ô Vierge toute pure ,
Du haut du ciel veille sur notre cœur ;
Ne permets pas que la moindre souillure
Puisse en ternir la céleste blancheur.

Sois notre appui, Vierge toute-puissante,
Dans la vertu guide nos faibles pas.
Si nous glissons, Mère compatissante,
Avec bonté reçois-nous dans tes bras.

Viens, arme-nous d'un généreux courage ;
Voici le temps marqué pour les combats ;
Nos ennemis poussent des cris de rage :
Parais, sur eux appesantis ton bras.

Ah! prête-nous un abri sous tes ailes,
Quand la tempête éclate avec fureur ;
Epargne-nous les angoisses cruelles,
Les noirs remords qui troublent le pécheur.

Ah! laisse-nous jusqu'à l'heure dernière
Dormir en paix sur ton sein maternel ;
Et qu'au réveil, en rouvrant la paupière,
Nous te voyions dans les splendeurs du ciel.

PROTÉGE-NOUS.

Air n° 41.

Bonne Marie,
Mère chérie,
Vois nos combats,
Tends-nous les bras.

REFRAIN.

Oh! sois notre défense !
Nous avons confiance
En ton puissant secours ;
Protége-nous toujours.

Sur nous sans cesse,
Dans ta tendresse,
Jette les yeux,
Reine des cieux.

Tout n'est qu'orage
Dans le jeune âge ;
Garde nos cœurs,
Rends-nous vainqueurs.

Notre nacelle
Fléchit, chancelle.
Chasse la mort,
Ouvre le port.

SECOUREZ-NOUS.

Air n° 40.

O bonne, ô puissante Marie,
Nous vous engageons notre foi.
Dans les dangers de cette vie,
Secourez-nous, secourez-moi !

Le torrent du mal nous entraîne ;
Notre âme succombe à l'effroi.
Mère d'amour, auguste Reine,
Secourez—nous, secourez-moi !

Le monde au mal nous encourage ;
Un jour subirions-nous sa loi?
Contre son perfide langage
Secourez—nous, secourez-moi.

Le roi des enfers nous harcelle,
Un jour serait-il notre roi ?
Hélas ! notre vertu chancelle,
Secourez-nous, secourez-moi !

Ah ! soutenez notre espérance !
Le Ciel vous donna pour emploi
De protéger notre innocence.
Secourez-nous, secourez-moi !

MARIE, A MON SECOURS !

Air n° 42.

Autour de moi gronde l'orage,
Mon Dieu ! que vais-je devenir ?
Je sens chanceler mon courage ;
Mon Dieu ! votre enfant va périr !

REFRAIN.

O Marie, ô ma Mère,
Ecoutez ma prière :
Prenez soin de mes jours.
Marie, à mon secours ,
Toujours !

Vers l'abime Satan m'entraine,
L'enfer serait-il donc vainqueur !
Oh ! non, jamais, puissante Reine,
Si vous gardez mon jeune cœur.

Le monde étale ses faux charmes,
Il voudrait m'attirer à lui.
Vierge, témoin de mes alarmes,
Soyez ma force et mon appui.

Dans cette malheureuse vie,
Hélas ! pour moi tout est danger.
Près de vous je me réfugie ;
Oh ! vous devez me protéger.

Vous savez quelle est ma faiblesse,
Ah ! prenez pitié de mon sort.
Celui que votre main délaisse,
Jamais n'entrera dans le port.

Je tremble pour mon innocence :
Au milieu de tant de combats ,
O Vierge ! prenez ma défense ;
Je viens me jeter en vos bras.

Vous voyez la guerre cruelle
Que me livrent mes ennemis ;
Ah ! rendez-moi toujours fidèle
Aux saintes lois de votre Fils.

SAUVEZ MON AME.

Air n° 43.

En vous je me confie ,
O Vierge, mon amour.
Veillez sur moi , Marie,
Jusqu'à mon dernier jour.

REFRAIN.

Sauvez, sauvez mon âme,
L'âme de votre enfant !
Mon amour vous réclame,
Rendez-moi triomphant.

5

Je remets, ô ma Mère,
Mon sort entre vos mains;
Donnez-moi sur la terre
Des jours purs et sereins.

Quand les sombres nuages
Obscurcissent ma foi,
Quand grondent les orages,
Venez, venez à moi.

Quand le monde m'inspire
Un désir criminel,
Vous, venez me sourire,
Et me parler du ciel.

Lorsque l'Ange rebelle
M'attaque avec fureur,
Cachez-moi sous votre aile,
O Mère du Sauveur!

Ah! je vous en conjure,
Conduisez, sans effort,
De votre main si sûre,
Mon frêle esquif au port.

OH! SOUVIENS-TOI DE TON ENFANT.

Air n° 28.

O bonne Vierge, ô tendre Mère ,
Dont le cœur est si bienfaisant ,
Que j'aime à dire en ma prière :
Oh! souviens-toi de ton enfant !

Le monde égarait ma jeunesse ;
Tu vins me sauver du malheur ,
Dans les sentiers de la sagesse ,
Tu me fis trouver le bonheur .

Un jour ta voix se fit entendre ,
Tu me disais : Viens, ô mon fils...
Oh! qu'il me fut doux de me rendre !
Car tu m'aimais , je le compris.

Dès lors je te pris pour partage ,
Je t'offris mon cœur sans retour ;
Et les beaux jours de mon jeune âge
S'écoulèrent dans ton amour.

Serre, oh! serre la douce chaîne
Qui m'unit à Dieu comme à toi :
Marie! oh! sois toujours ma reine,
Que Jésus soit toujours mon roi.

Toujours ! toujours !... oui, je l'espère :
Ne m'as-tu pas pris dans ton cœur?
Et dans ton cœur, ô tendre Mère,
Peut-on redevenir pécheur?

Toujours, toujours, Mère si bonne,
Sur ton enfant tu veilleras.
A ton amour il s'abandonne ;
Non, jamais tu ne l'oublîras.

Et quand viendra l'heure dernière,
L'heure que suit le jugement,
Marie, oh! sois toujours ma mère,
Et souviens-toi de ton enfant.

L'ÉTOILE DU MATIN.

(Prière d'un père et d'une mère pour leur enfant.)

Air n° 39.

Reine du Ciel, mère compatissante,
Nous vous prions pour l'enfant de nos cœurs :
En son matin, cette fleur impuissante
A si besoin de vos douces faveurs !

REFRAIN.

Ecoutez-nous, Vierge chérie,
Vous qu'on n'appelle point en vain.
Gardez notre enfant, ô Marie,
Marie, Etoile du matin.

Comme le lis enlacé dans l'épine,
Gardez-la pure à côté du pécheur ;
Et, pour le jour qu'attend la main divine,
Au lis heureux conservez sa fraîcheur.

L'affreuse nuit qui pèse sur la terre,
L'égarerait en abusant ses yeux.
Astre sauveur, versez votre lumière ;
Découvrez-lui l'étroit sentier des cieux.

Combien d'écueils sur cette mer du monde !
Un faible enfant saura-t-il les franchir ?
Astre des mers, ah ! c'est vous qui sur l'onde
Dirigerez la nef qui doit périr.

Et quand viendra la saison des orages,
Quand les autans mugiront déchaînés,
Vous brillerez entre les noirs nuages
Pour réjouir les nochers consternés.

Oh ! si jamais, sur ces flots pleins de rage,
La pauvre enfant devait trouver la mort,
Brisez la barque avant l'affreux voyage,
Pour en sauver les débris dans le port...

Mais pourquoi craindre ? ô bonne, ô tendre Mère,
Peut-on périr en s'appuyant sur vous ?
Dieu veut qu'en vous notre faiblesse espère,
Et notre cœur trouve l'espoir si doux !

Oui, cette enfant, l'objet de nos alarmes,
Grâce à vos soins, croîtra pour le Seigneur.
Si nous versons sur elle quelques larmes,
Ah ! que ce soit les larmes du bonheur.

Par votre voix doucement stimulée,
Qu'elle se hâte au sentier des vertus,
Et qu'en ses mains notre foi consolée
Puisse entrevoir la palme des élus.

Oh ! si le Ciel, dans notre humble vieillesse,
D'un tel espoir daignait nourrir nos cœurs,
Pour nous le temps n'aurait plus de tristesse,
Pour nous la mort n'aurait plus de douleurs.

Venez, venez, et montrez-vous sa mère.
C'est votre enfant, elle n'est plus à nous :

Son père veut qu'elle ait Jésus pour père,
Sa mère n'est sa mère qu'après vous.

Pour son trésor, à notre heure dernière,
Nous espérons lui léguer votre amour.
Plus que jamais soyez alors sa mère,
Pour nous la rendre au céleste séjour.

LA PORTE DU CIEL.

(Prière d'un enfant pour demander la grâce d'arriver au ciel.)

Airs n°s 51 et 72.

Porte du Ciel, sainte Vierge Marie,
Oh! je sais bien que vous nous attendez,
Enfants proscrits, pour la douce patrie
Incessamment vous nous redemandez.

REFRAIN.

Vierge, écoutez mon ardente prière :
Je veux le Ciel, c'est au Ciel qu'est mon cœur.
Porte du Ciel, tendre et puissante mère,
Ouvrez pour moi le séjour du bonheur.

C'est un enfant bien frêle qui vous prie ;
Oh! je chancelle et tombe à chaque pas ;
Et cependant vous savez, ô Marie,
Que je dois vivre au milieu des combats.

REFRAIN.

Vierge, écoutez mon ardente prière :
Contre l'enfer défendez bien mon cœur.
Porte du Ciel, tendre et puissante mère,
Ouvrez pour moi le séjour du bonheur.

Si jeune encor, sainte Vierge Marie,
Combien d'ingrats mes yeux ont déjà vus !
Comme eux, un jour, par le vice flétrie,
Pourrais-je vivre, et ne vous aimer plus ?

REFRAIN.

Vierge, écoutez mon ardente prière :
Plutôt mourir que de souiller mon cœur !
Porte du Ciel, tendre et puissante mère,
Ouvrez pour moi le séjour du bonheur.

Jamais pour mère ils ne vous ont choisie,
Ces malheureux qui pèchent tous les jours ;
Oh ! non !... mais moi, vous savez, ô Marie,
Que j'ai juré de vous aimer toujours.

REFRAIN.

Vierge, écoutez mon ardente prière :
Prenez encore et gardez bien mon cœur.
Porte du Ciel, tendre et puissante mère,
Ouvrez pour moi le séjour du bonheur.

LA PORTE DU CIEL.

(Prière d'un enfant pour ses parents.)

Airs n°s 51 et 72.

Pour mes parents, sainte Vierge Marie,
Je viens toujours vous redire mes vœux.
Dans votre amour par leur amour nourrie,
Comme pour moi je soupire pour eux.

REFRAIN.

Vierge, écoutez mon ardente prière :
Aimez-les bien, je vous remets leur cœur.

Porte du Ciel, tendre et puissante mère,
Ouvrez pour eux le séjour du bonheur.

Versez sur eux, jusqu'au soir de leur vie,
Tous les trésors dont disposent vos mains.
Pour leur enfant quel bonheur, ô Marie,
De les compter d'avance entre les saints !

REFRAIN.

Vierge, écoutez mon ardente prière :
De jour en jour embellissez leur cœur.
Porte du Ciel, tendre et puissante mère,
Ouvrez pour eux le séjour du bonheur.

Venez surtout, sainte Vierge Marie,
Les visiter à leurs derniers instants.
Debout près d'eux, que leur mère sourie,
En leur montrant la terre des vivants.

REFRAIN.

Vierge, écoutez mon ardente prière :
Dans les vertus affermissez leur cœur.
Porte du Ciel, tendre et puissante mère,
Ouvrez pour eux le séjour du bonheur.

Et quand leur âme, ira, d'effroi saisie,
Subir l'arrêt du juge souverain,
Changez le juge en bon père, ô Marie,
Et qu'il leur tende une amoureuse main.

REFRAIN.

Vierge, écoutez mon ardente prière :
Des biens d'en haut rassassiez leur cœur.
Porte du Ciel, tendre et puissante mère,
Ouvrez pour eux le séjour du bonheur.

Moi cependant, sainte Vierge Marie,
Quel nom cruel alors je porterai !

Mais avec vous il s'efface et s'oublie :
Soyez ma mère, et je les reverrai.

REFRAIN.

Vierge, écoutez mon ardente prière :
A leur triomphe associez mon cœur.
Porte du Ciel, tendre et puissante mère,
Ouvrez pour nous le séjour du bonheur.

Quand j'entrerai dans la douce patrie,
Oh ! quelle joie et quels pieux transports,
S'ils sont tous deux près de vous, ô Marie !
Je serai donc trois fois heureuse alors !

REFRAIN.

Vierge, écoutez mon ardente prière :
Là, comme ici, trois cœurs en un seul cœur !
Porte du Ciel, tendre et puissante mère,
Ouvrez pour nous le séjour du bonheur.

L'ORPHELIN.

Air n° 38.

Orphelin, on m'a dit que tu serais ma mère...
Je t'implore, ô Marie, à chaque instant du jour;
Oh ! laisse mes soupirs, oh ! laisse ma prière
Toucher ton cœur si bon, ton cœur si plein d'amour.

Comme l'homme brisé, qui s'abreuve de larmes,
Et succombe à l'excès des plus vives douleurs,
Je gémis sous le poids d'indicibles alarmes...
Espoir du malheureux, viens essuyer mes pleurs.

Comme le faible enfant égaré dans la plaine,
Effrayé par la nuit, glacé par les frimas,
Je me livre en aveugle au destin qui m'entraine..
Étoile du matin, viens diriger mes pas.

Comme le frêle esquif emporté par l'orage,
Qu'engloutiront les vents à leur premier effort,
Je ne puis me soustraire aux horreurs du naufrage...
Salut du nautonier, viens m'introduire au port.

Comme le voyageur, qui, loin de la patrie,
Languit, seul, épuisé, dans un désert affreux,
Je gémis et je meurs au désert de la vie...
O Reine des élus, viens, viens m'ouvrir les cieux.

LA MÈRE DE LA TERRE ET LA MÈRE DES CIEUX.

Air n° 38.

Jésus, pour guide au Ciel, m'a donné sur la terre
Sa Mère, ô doux partage! ô trésor précieux!
Mais avec elle ici j'avais une autre mère,
Image et souvenir de ma mère des cieux.

Oh! comme je l'aimais, ma mère de la terre!
Je l'aimais, mon amour rendait son cœur joyeux.
Mais, en me caressant, cette angélique mère
Disait : Donne ton cœur à ta mère des cieux.

Oh! comme elle m'aimait, ma mère de la terre!
Elle m'aimait, mes jours étaient délicieux.
Quand je l'en bénissais : Enfant, disait ma mère,
Tu dois mille fois plus à ta mère des cieux.

Ainsi l'une inspirait à celle de la terre
Un amour et des soins chaque jour plus pieux ;
Et l'autre, s'oubliant pour être mieux ma mère,
Reportait mon amour sur ma mère des cieux.

J'étais heureux alors : ma mère de la terre
Charmait par sa tendresse un exil ennuyeux ;
Et je me consolais, en embrassant ma mère,
D'être encor séparé de ma mère des cieux.

Un jour Dieu l'avertit de partir de la terre.
Viens, me dit-elle, viens, et reçois mes adieux.
Je m'en vais, mon enfant ; mais je serai ta mère
Toujours, toujours... je vais vers ta mère des cieux.

Et je ne la vis plus, ma mère de la terre...
Que de larmes alors coulèrent de mes yeux !
L'inconsolable enfant redemandait sa mère...
Elle était sur le cœur de ma mère des cieux.

A présent on m'appelle orphelin sur la terre :
Nom cruel ! mais je sais qu'elle m'aime encor mieux ;
Elle est, elle sera toujours ma tendre mère...
Elle a fui pour parler à ma mère des cieux.

Je pleure ; mais je sens qu'arrachée à la terre,
Elle peut maintenant beaucoup plus qu'en ces lieux.
Que n'a-t-on pas au ciel ? oh ! ma pieuse mère
Obtiendra tout pour moi de ma mère des cieux.

Je pleure ; mais bientôt finiront les misères.
Mon Dieu, quand viendra-t-il, ce jour délicieux
Où j'irai tour à tour embrasser mes deux mères,
Ma mère de la terre et ma mère des cieux !..

L'EXILÉ.

Air n° 39.

Pauvre exilé, je pense à ma patrie ;
Loin de Sion, je gémis nuit et jour.
Dans ma douleur sans cesse je m'écrie :
Quand te verrai-je, ô bienheureux séjour ?

REFRAIN.

Vous voyez ma douleur amère,
Les soupirs brûlants de ma foi :
O Marie, ô ma tendre mère,
Prenez, prenez pitié de moi !

Pauvre exilé, j'arrose de mes larmes
La triste couche où je prends mon repos,
Toujours en proie aux plus vives alarmes,
Toujours brisé par des chagrins nouveaux.

Pauvre exilé, dans ces déserts stériles,
Le deuil, la mort accompagnent mes pas.
Je me consume en efforts inutiles ;
J'attends toujours... mon Sauveur ne vient pas.

Pauvre exilé, dans ce lieu de souffrance,
Je ne vis plus que d'absinthe et de fiel.
Plus je soupire après ma délivrance,
Plus mon exil devient triste et cruel.

Pauvre exilé, si loin du bien que j'aime,
L'ennui mortel a desséché mon cœur ;
Et je succombe à ma langueur extrême,
Sans avoir su ce qu'était le bonheur.

Pauvre exilé, suis-je sans espérance?
Oh! non, bientôt je quitterai ces lieux.
Encore un jour, et Dieu, dans sa clémence,
Rompra mes fers pour m'introduire aux cieux.

PORTEZ-MOI DANS LES CIEUX.

Air n° 45.

Jusqu'à ce jour, tendre Marie,
Vous avez béni tous mes pas.
Pour que j'arrive à la patrie,
Oh! daignez bénir mon trépas.

REFRAIN.

De vos mains maternelles
Venez fermer mes yeux;
Prenez-moi sur vos ailes,
Portez-moi dans les cieux.

Bientôt va finir ma carrière,
Et tout dépend de ce grand jour!..
Veillez sur mon heure dernière,
Et sauvéz-moi, Mère d'amour.

Dans ce jour d'affreuse tristesse,
Quand vous verrez couler mes pleurs,
Par un sourire de tendresse
Venez adoucir mes douleurs.

Venez, et versez l'espérance
Comme un baume au fond de mon cœur;
Venez, et que votre présence
Ecarte l'esprit tentateur.

Ne me quittez pas, ô Marie !
Avant la fin de mes combats ;
Et pendant l'amère agonie ,
Soutenez-moi de votre bras.

Bercez, bercez l'enfant débile
Qu'il faut endormir pour les cieux :
Que la mort lui sera facile ,
Si c'est vous qui fermez ses yeux !

Quand la mort, de sa main de glace ,
Viendra rompre ce court sommeil ,
Auprès de moi, Mère de grâce ,
Que je vous trouve à mon réveil.

Plaidez pour moi, Vierge fidèle ,
Devant le trône de Jésus ;
Et qu'à votre voix il m'appelle
Au doux royaume des élus.

MARIE EST LA PORTE DES CIEUX.

Air n° 19.

Je suis toujours exilé sur la terre,
Et ma douleur s'exhale en chants pieux.
O doux penser, souvenir salutaire !
Marie est la porte des cieux.

A ses enfants, lors du dernier passage,
Elle apparaît, l'air doux et gracieux,
Pour les conduire au céleste héritage...
Marie est la porte des cieux.

Près d'un mourant je faisais ma prière,
Il soupirait à mes derniers adieux ;
Quand près de lui je vis la bonne Mère...
    Marie est la porte des cieux.

De ses douleurs elle était attendrie ;
Elle essuyait les larmes de ses yeux,
Et de la main lui montrait la patrie...
    Marie est la porte des cieux.

Je l'entendis, elle disait : « Espère,
» Mon cher enfant ; oh ! viens, quitte ces lieux ;
» Viens avec moi vers ton Dieu, vers ton père... »
    Marie est la porte des cieux.

Il expira, transporté d'allégresse,
En entendant ces mots délicieux...
O doux sommeil ! ô bienheureuse ivresse !...
    Marie est la porte des cieux.

Elle sourit à cette âme joyeuse,
Prit en ses bras le fardeau précieux,
Puis, comme un trait s'envola, radieuse...
    Marie est la porte des cieux.

Le ciel s'ouvrit : près du sien, sur un trône
Elle porta son enfant glorieux,
Et sur le front lui mit une couronne...
    Marie est la porte des cieux.

Moi je pleurai, dans ma douleur amère,
De ne pouvoir m'envoler de ces lieux ;
Mais on me dit : Bientôt !... c'était ma Mère...
    Marie est la porte des cieux.

Bientôt !.. ce mot me ranime, et m'inspire
Des chants plus doux et plus harmonieux ;
Et je redis, dans mon pieux délire :
Marie est la porte des cieux.

Elle viendra, lors de ma dernière heure,
M'encourager d'un sourire amoureux,
Et puis m'ouvrir la céleste demeure.
Marie est la porte des cieux.

Mon âme alors l'y suivra triomphante ;
Et c'est bientôt !! espoir délicieux !...
En attendant, je chanterai, je chante :
Marie est la porte des cieux.

REÇOIS MES PLEURS.

Air nᵒ 52.

Des pleurs brûlants coulent de ma paupière,
Quand mon cœur parle à la Reine des cieux ;
Souvent des pleurs sont toute ma prière ;...
Mais elle accourt pour essuyer mes yeux.

REFRAIN.

Reçois mes pleurs, ô ma Mère, ô Marie ;
Sèche mes yeux de ton doigt maternel.
Rends à mon âme une nouvelle vie ;
Rends aux pécheurs l'innocence et le Ciel.

Quand l'homme aveugle, insensible à ses charmes,
Par le dédain outrage son amour,
Mon œil, à moi, verse un torrent de larmes,
Mon cœur gémit et la nuit et le jour.

Quand tant de cœurs, contristant sa tendresse,
Mettent leur joie à se montrer ingrats,
Quand leur audace insulte à sa tristesse,
Ah! moi je pleure en lui tendant les bras.

Et quand je vois qu'à son amour extrême
Mon âme oppose une ingrate froideur,
Honteux d'oser la désoler moi-même,
Je pleure encor, brisé par la douleur.

SOUPIRS DE DOULEUR.

Air n° 51.

Si je soupire, ô Marie, ô ma Mère,
Hélas! hélas! c'est qu'on blesse ton cœur.
Pour ton enfant point de paix sur la terre :
Ne doit-il pas partager ta douleur?

REFRAIN.

N'entends-tu pas nos soupirs, ô Marie?
Ecoute enfin le cri de notre amour.
Incline-toi vers nous, Mère de vie,
Et des pécheurs assure le retour.

Si je soupire, hélas! c'est qu'on offense
Ton divin Fils, ton Jésus mort pour nous,
Ce Dieu de paix, dont l'aimable clémence
Offre un pardon si facile et si doux.

Si je soupire, hélas! c'est que le vice
Envahit tout, fascine tous les yeux.
Flambeau des cœurs, astre au malheur propice,
Rappelle-nous dans le chemin des cieux.

G

Si je soupire, ô Vierge douce et tendre,
C'est qu'on vieillit sans penser au Seigneur.
Je veux parler, on refuse d'entendre.
Parle toi-même, et change notre cœur.

Si je soupire, hélas ! c'est que ma Mère
Perd tous les jours plus d'un cœur qui l'aimait.
Il t'ont quittée, ils rampent sur la terre,
Ces anges purs dont l'ardeur te charmait!...

Si je soupire, ô Reine de mon âme,
C'est qu'autrefois j'oubliai ton amour.
Ah! dans mon cœur rallumes-en la flamme,
Et que pour toi je vive sans retour.

Si je soupire, ah! c'est que ma faiblesse
Me fait encor tomber à chaque pas.
Tu cours après celui qui te délaisse :
M'oublirais-tu, moi qui te tends les bras?

L'ENFANT AFFLIGÉ DE MARIE,

Priant pour les pécheurs et pour lui.

Air n° 30.

O toi, qu'en ma prière
J'ose appeler ma Mère,
Vois l'immense douleur
Qui pèse sur mon cœur ;
Viens calmer ma tristesse,
O Mère de tendresse,
O Mère de douceur.

Hélas! dans l'amertume
Mon âme se consume,
Quand je vois chaque jour
Qu'épris d'un fol amour,
Les enfants de la terre
T'abandonnent, ma Mère,
Peut-être sans retour.

Par tes douces promesses,
Par tes douces caresses,
Bonne Mère, en tes bras
Ramène ces ingrats.
O Marie, ô Marie,
Pardonne leur folie,
Sauve-les du trépas.

Reine toute-puissante,
Mère compatissante,
Mère du Dieu sauveur,
Oui, sauve le pécheur.
Rends, ô Vierge propice,
Son âme à la justice
Et son cœur au bonheur.

Mais si, dans son ivresse
Dédaignant ta tendresse,
Riant de l'avenir,
Il s'obstine à périr;
Moi, dans sa folle voie,
O Marie, ô ma joie,
Je ne veux pas courir.

Au milieu des orages,
Au milieu des naufrages,
Ta main me gardera,
Ta main me sauvera;
Et ma frêle nacelle,
Par toi, Vierge fidèle,
Au port s'élancera.

CONVERTISSEZ TOUS LES PÉCHEURS.

Air n° 83.

Un jour, dans ma douleur amère,
Le visage baigné de pleurs,
Je disais : « Ma Mère, ma Mère,
» Ah! prenez pitié des pécheurs! »
O Ciel! une voix attendrie
Tout à coup me fit tressaillir :
C'était votre voix, ô Marie...
Je répondis par un soupir.

REFRAIN.

Vous êtes la Vierge puissante,
Ma Mère; oh! sauvez les pécheurs.
Versez, Mère compatissante,
La grâce et la paix dans leurs cœurs.

Vous m'avez dit : Espère, espère,
Ils se convertiront un jour.
Ma main essuyait ma paupière,
Et mon cœur palpitait d'amour.
Plein d'une douce confiance,
Animé d'une sainte ardeur,
Je redis à votre clémence :
Ramenez-les tous au Seigneur.

En suivant le sentier du vice,
Ils ne rencontrent que douleur.
O vous, à tous nos maux propice,
Soyez sensible à leur malheur.
Vous êtes si douce et si bonne,
Daignez le montrer en ce jour.
Faites que le Ciel leur pardonne,
Que Dieu leur rende son amour.

Près de mourir sur le Calvaire,
Jésus vous dit avec douceur :
Des pécheurs tu seras la Mère,
Et moi je serai leur Sauveur.
Souvenez-vous, tendre Marie,
Des paroles de votre Fils ;
Rendez, oh ! rendez-leur la vie,
L'heureuse paix du Paradis.

LE CŒUR DE MARIE, REFUGE DES PÉCHEURS.

Air n° 48.

O cœur si bon de la plus tendre Mère,
Cœur tout d'amour pour les pauvres pécheurs,
Daigne t'ouvrir au cri de ma prière :
Je viens pour eux implorer tes faveurs.

REFRAIN.

Puisque par toi tout se fait, tout s'accorde,
   Ah ! ne les laisse pas périr ;
Obtiens à tous pardon, miséricorde,
   Au moins quand ils devront mourir !

Ah ! c'est à toi que j'adresse mes larmes,
Lorsque je viens méditer leur malheur.
Un doux espoir succède à mes alarmes,
Lorsque j'ai pu t'exprimer ma douleur.

Tu fus toujours l'asile des coupables ;
Ramène-les au sentier de la loi.
Revenir seuls, ils en sont incapables....
Viens à leur aide, ils sont perdus sans toi.

Vois comme ils sont le jouet de l'orage ;
Où courent-ils, si loin, si loin du port ?
Tends-leur la main, et rends-les au rivage ;
Epargne-leur les horreurs de la mort.

Dieu va frapper ; embrasse leur défense :
Oh ! fais parler ton amour maternel,
Demande grâce, excuse leur offense...
Par un seul mot, tu peux rouvrir le ciel.

A ta bonté plus ils sont insensibles,
Plus leurs péchés sont graves et nombreux,
Plus leurs erreurs sont incompréhensibles,
Oh ! plus tu dois intercéder pour eux.

Du Tout-Puissant désarme la colère,
Oh ! redis-lui ce qu'a fait son amour ;
Dis-lui qu'il est leur créateur, leur père ;
Lui, le Sauveur, perdrait-il sans retour ?

TU NE M'AIMES PAS.

(Reproches de Marie au pécheur.)

Airs nos 27 et 67.

Depuis longtemps, mon enfant, je t'appelle ;
En vain je pleure en te tendant les bras :
Tu fuis toujours, indocile, rebelle....
Ta Mère t'aime, et tu ne l'aimes pas.

Que t'ai-je fait, pour que tu me délaisses,
Et qu'au malheur tu coures à grands pas ?
Je t'ai comblé d'amour et de caresses....
Ta Mère t'aime, et tu ne l'aimes pas.

J'avais un Fils : pour toi, sur le Calvaire,
Mes yeux l'ont vu se livrer au trépas ;
Je l'ai cédé, pour devenir ta Mère....
Ta Mère t'aime, et tu ne l'aimes pas.

Qu'ai-je oublié pour t'assurer la vie ?
Ma main semait les trésors sur tes pas.
Pourquoi faut-il que ton cœur les oublie ?...
Ta Mère t'aime, et tu ne l'aimes pas.

Ta Mère t'aime ; et maintenant encore,
Qui te soutient, malgré tes attentats?
Qui te dérobe au brasier qui dévore ?...
Ta Mère t'aime, et tu ne l'aimes pas.

Où serais-tu, si du Dieu des vengeances
Mon tendre amour ne retenait le bras ?..
Pense aux enfers, et compte tes offenses...
Ta Mère t'aime, et tu ne l'aimes pas.

C'est pour sauver ton âme du naufrage
Qu'incessamment contre toi je combats :
Attraits, remords, tout est mis en usage...
Ta Mère t'aime, et tu ne l'aimes pas.

Tu m'aimeras, pauvre enfant, je l'espère...
Jamais, jamais tu ne me lasseras.
Un jour enfin tu t'écriras : Ma Mère !...
Je suis ta Mère, oh ! oui, tu m'aimeras..

OH! OUI, TU M'AIMERAS.

Airs nos 27 et 67.

Tu m'aimeras, pauvre enfant, je l'espère ;
Tu fuis en vain, tu te convertiras :
Ton cœur te dit de consoler ta Mère...
Pécheur, pécheur, oh ! oui, tu m'aimeras.

Tu m'aimeras... Vois-tu vers quel abîme
Depuis longtemps tu marches à grands pas?
Un pas de plus, Dieu peut finir ton crime....
Pécheur, pécheur, oh ! oui, tu m'aimeras.

Tu m'aimeras... Elle est si malheureuse,
L'horrible voie où tu t'aventuras !
Vivre au hasard, ô destinée affreuse!...
Pécheur, pécheur, oh ! oui, tu m'aimeras.

Tu m'aimeras... L'affreux remords te ronge ;
Ton faux bonheur a perdu ses appas.
Quoi ! tant souffrir pour si peu , pour un songe !...
Pécheur, pécheur, oh ! oui, tu m'aimeras.

Tu m'aimeras... Au lieu d'amers supplices ,
Tu sais quels biens en moi tu trouveras,
La paix de Dieu , d'ineffables délices...
Pécheur, pécheur, oh! oui, tu m'aimeras.

Tu m'aimeras... Enfant de l'espérance,
Jamais au ciel tu ne renonceras.
Le ciel ! ce mot vaincra ta résistance...
Pécheur, pécheur, oh ! oui, tu m'aimeras.

Tu m'aimeras... De ma longue tendresse,
De mes bienfaits soudain tu pleureras,
Et des plaisirs tu maudiras l'ivresse...
Pécheur, pécheur, oh! oui, tu m'aimeras.

Tu m'aimeras, moi, la Mère de vie,
Qui te gardais, malgré tes attentats,
Moi, dont l'amour te poursuit, te supplie...
Pécheur, pécheur, oh! oui, tu m'aimeras.

Tu m'aimeras, pauvre enfant, je l'espère;
Tu fuis en vain, tu te convertiras:
Ton cœur te dit de consoler ta Mère...
Pécheur, pécheur, oh! oui, tu m'aimeras.

PRIÈRE D'UN PÉCHEUR A MARIE.

Air n° 49.

Heureux les jours où je t'aimais, ma Mère,
Où j'aimais Dieu d'un vif et tendre amour!
Ces jours ont fui, comme une ombre légère;
Bonne Marie, ont-ils fui sans retour?

REFRAIN.

Oublirais-tu ton enfant qui t'implore,
L'enfant qui pleure aux pieds de ton autel?
Quoique pécheur, oui, ton cœur m'aime encore;
Rends-moi mon Dieu, Dieu me rendra le ciel.

Satan voudrait m'arracher l'espérance,
Et me pousser au plus affreux malheur.
Oh! n'es-tu pas la mère de clémence!
Oh! n'es-tu pas le salut du pécheur?

« Quoi ! me dit-il , de ton juge sévère
» Tu veux, coupable, affronter la rigueur !
» Espères-tu désarmer sa colère ?
» Non, Dieu pour toi n'est plus qu'un Dieu vengeur.

» Pourquoi t'astreindre aux lois de la sagesse ?
» Vis, vis sans crainte au gré de tes désirs.
» Prends de ma main la coupe enchanteresse ;
» Bois à longs traits au torrent des plaisirs. »

Et j'écoutai cet ennemi perfide....
Mais, grâce au Ciel, je comprends mon malheur.
Oui, désormais la foi sera mon guide ;
Oui, pour toujours je m'attache au Seigneur.

Viens, dès ce jour, m'arracher à la rage
Du noir Satan, du tyran des enfers.
Il me retient aux fers de l'esclavage ;
Ton pauvre enfant mourra-t-il dans les fers ?

Ne dois-je plus compter sur ta tendresse ?
Quoi ! tu pourrais délaisser ton enfant !
Non, ma douleur et mes cris de détresse
Ont incliné ton cœur compatissant.

Viens, bonne Mère, oh ! viens fermer l'abime ,
L'abime affreux où je suis entraîné.
C'est à regret que Dieu punit le crime :
Dis un seul mot, tout sera pardonné.

Et si Satan, dans sa rage cruelle,
Me provoquait à de nouveaux combats,
Viens m'enhardir de ta voix maternelle,
Viens me prêter la force de ton bras.

MARIE, ESPÉRANCE DU PÉCHEUR.

Air n° 47.

O toi, notre douce espérance,
Toi, notre amour, notre bonheur,
Puissante Mère du Sauveur,
Fais révoquer notre sentence;
Oui, plaide, ô Reine de clémence,
Plaide pour nous près du Seigneur.

Par un seul mot tu le désarmes :
Apaise, apaise son courroux,
Retiens son bras levé sur nous.
Tu vois nos craintes, nos alarmes ;
Offre-lui nos soupirs, nos larmes,
Et de ta main pare ses coups.

Si, dans sa trop juste colère,
Le Dieu vengeur veut nous punir,
N'épargne rien pour le fléchir.
Dis-lui, dis-lui qu'un si bon père
Ne peut rejeter la prière
Du cœur ouvert au repentir.

Arme-toi pour notre défense,
Abrite-nous, sois notre appui.
Nous te réclamons aujourd'hui,
Amenés par la confiance :
Si Dieu s'apprête à la vengeance,
Toi, par l'amour règne sur lui.

Mère d'amour, Vierge si bonne,
Toi, le salut du criminel,
Ouvre-nous ton cœur maternel.
Puisque par toi tout se pardonne,
Rends-nous la paix, Vierge si bonne,
Rends-nous la paix, rends-nous le ciel.

LES PÉCHEURS AUX PIEDS DE MARIE.

Air n° 53.

O vous, la meilleure des mères,
Vous qui pouvez tout dans les cieux,
Ecoutez nos humbles prières ;
Sur nous, sur nous, jetez les yeux.
O Reine de miséricorde,
Nous soupirons à vos genoux :
Le pardon, c'est Dieu qui l'accorde,
C'est vous qui l'obtenez pour nous.

REFRAIN.

Nous crions vers vous, ô Marie,
Dans l'angoisse de la douleur.
Recevez-nous, Mère chérie,
Nous nous jetons dans votre cœur.

O vous, l'espoir de tous les hommes,
Ecoutez nos vœux suppliants ;
Car, tout criminels que nous sommes,
Vous voyez en nous vos enfants.
Ne détournez point votre face,
Ah ! ne nous laissez pas périr.
Le Ciel irrité nous menace :
Vous seule pouvez le fléchir.

Nous confessons notre folie,
Nous pleurons nos égarements ;
Et notre cœur, qui s'humilie,
Vous offre ses gémissements.
Soyez notre médiatrice,
Nous n'avons plus d'espoir qu'en vous ;
Le Ciel redeviendra propice,
Le Seigneur retiendra ses coups.

Nous sommes couverts de souillures,
Oui, nous sommes de grands pécheurs.
Oh ! venez guérir nos blessures,
Et rendre la vie à nos cœurs.
Portez nos vœux, divine Mère,
Jusqu'au trône de votre Fils ;
Le Fils apaisera le Père,
Et nos péchés seront remis.

TU M'AS ROUVERT LES CIEUX.

Air n° 10.

J'étais sans expérience,
Le monde aveuglait mon cœur ;
Je perdis mon innocence,
En poursuivant le bonheur.

CHŒUR.

O Marie,
O ma vie,
Que tes dons sont précieux !
Bonne Mère,
Je l'espère,
Oui, tu m'as rouvert les cieux.

Je méritais la colère
Et les foudres du Seigneur ;
Et de ta main tutélaire
Tu retins son bras vengeur.

Tu m'inspiras de mes crimes
Un sincère repentir,
Et tu fermas les abimes
Où j'allais m'ensevelir.

Par toi, Reine de clémence,
Doux refuge du pécheur,
J'ai retrouvé l'espérance,
J'ai retrouvé le bonheur.

Par toi, Reine de tendresse,
Tous mes droits me sont rendus ;
J'ai retrouvé la sagesse,
J'ai retrouvé mon Jésus.

PRIÈRE A MARIE POUR LA FRANCE.

Air n° 17.

Ah ! dans ces jours de souffrance et d'alarmes,
Nous t'implorons, Reine aimable des cieux ;
Vois à tes pieds tes enfants tout en larmes...
Oh ! sois sensible à nos cris douloureux.

CHŒUR.

Bonne Mère, ô tendre Marie,
Toi, notre espoir dans le malheur,
Oh ! veille sur notre patrie ;
Rends-nous la paix et le bonheur.

Ne vois-tu pas? Sur notre belle France
Le noir serpent a vomi son venin.
La foi s'éteint, l'impiété s'élance...
Malheur! malheur! la mort est dans son sein.

Des bruits affreux, précurseurs des tempêtes,
Portent partout la douleur et l'effroi.
Quels maux cruels vont fondre sur nos têtes?
La paix, l'espoir, tout est perdu sans toi.

Tes yeux l'ont vu, le sang rougit la terre,
Le sang, hélas! de tes enfants chéris.
Hé bien! réponds, n'es-tu plus notre Mère?
As-tu perdu tout pouvoir sur ton Fils?

— « Oui, mes enfants, oui, je suis votre Mère ;
» Mais vos péchés ont irrité le Ciel.
» Mon Fils est sourd aux cris de ma prière ;
» Son bras levé tient le glaive cruel.

» O mes enfants, déplorez vos offenses;
» Que de vos yeux coule un torrent de pleurs.
» Dieu pourrait-il exercer ses vengeances,
» Si le regret humiliait vos cœurs?...

» Tu sais, mon Fils, tu sais combien de larmes
» Mes yeux de mère ont répandu sur eux.
» Et tu pourrais te servir de tes armes!
» Ne frappe pas, change ces malheureux.

» Grâce, mon Fils, c'est moi qui t'en supplie,
» Oui, moi, ta Mère; ah! laisse-toi fléchir.
» Pour mes enfants je demande la vie ;
» Ils sont les tiens, grâce! ils vont revenir. »

— « Oui, j'y consens, je pardonne, ô ma Mère !
» Ma Mère, oh ! oui, tu l'emportes sur moi ;
» L'amour vainqueur remplace la colère :
» Comment punir, s'il faut frapper sur toi !

» Je vais rouvrir mes trésors de tendresse ;
» Va l'annoncer à tes enfants chéris.
» Mais dis-leur bien d'embrasser la sagesse :
» Mes dons, tu sais, mes dons sont à ce prix. »

— « O mes enfants, quelle heureuse nouvelle !
» Dieu vous pardonne, et vous rend son amour.
» Revenez tous, à sa voix paternelle ;
» O mes enfants, aimez-le sans retour. »

Nous l'aimerons, et d'un amour sincère ;
Nous l'aimerons d'un amour éternel.
En aimant Dieu, nous t'aimerons, ma Mère...
Oui, par l'amour nous rouvrirons le ciel.

ADIEUX A MARIE.

Air nº 55.

Il faut quitter celle que mon cœur aime,
Celle qu'ici je priai tant de fois.
La bonne Mère ! en son amour extrême,
Elle écoutait toujours si bien ma voix !

REFRAIN.

Adieu, Marie, adieu ma Mère !....
Oh ! que ma douleur est amère !
Il n'est pour moi plus de bonheur...
Adieu !.. je vous laisse mon cœur.

J'étais sans crainte, abrité sous ses ailes ;
Oh ! que mes jours étaient délicieux !
Heureux enfant, de ses mains maternelles
Je recueillais tous les trésors des cieux.

Quand j'avais vu son aimable sourire,
C'était pour moi les transports les plus doux.
Mais maintenant je gémis, je soupire,
Et de mes pleurs je baigne ses genoux.

Il est si doux de rester auprès d'elle !
Son sanctuaire est l'image des cieux,
Et quel bonheur y goûte un cœur fidèle !
Pourquoi faut-il m'arracher de ces lieux !

Comment chanter ! je n'ai plus que des larmes ;
Quitter ma Mère, oh ! pour moi c'est mourir !
Qui désormais calmera mes alarmes ?
Qui désormais viendra me secourir ?

Ce sera vous, vous toujours, ô Marie !
Oh ! oui, toujours vous prendrez soin de moi.
Pour moi je veux, jusqu'au soir de ma vie,
Vous honorer et vous garder ma foi.

Je l'ai juré : ni l'enfer ni le monde
Ne parviendront à m'arracher à vous :
Ne sais-je pas que la paix qui m'inonde,
Je l'ai trouvée, ô Vierge, à vos genoux ?

Que votre main sans cesse me dirige ;
Gardez en moi votre doux souvenir ;
Et dans mon cœur qu'un autre autel s'érige,
Où chaque jour je pourrai vous bénir.

7

RETOUR A L'AUTEL DE MARIE,

Après le mois de mai.

Air n° 11.

CHŒUR.

Mère de Dieu,
En ce saint lieu
(Je t'en fais la promesse)
Je viendrai chaque jour
T'exprimer mon amour
Et chanter ta tendresse.

SOLO.

J'aime ton sanctuaire,
O Vierge, mon bonheur.
Ah! c'est là que mon cœur
Semble quitter la terre.

Vers toi l'amour m'attire ;
J'y cours avec ardeur ;
D'amour et de bonheur
Je pleure, je soupire.

Dans les bras de sa mère
Qu'un enfant est heureux !
L'est-on plus dans les cieux?
L'amour me dit : Espère.

Dans tes bras je veux vivre,
O prémices du ciel !
Sur ton cœur maternel
Ici l'amour m'enivre.

Dans tes bras, ô Marie,
Je veux un jour mourir,
Pour vivre, te bénir,
T'aimer dans la patrie.

A JÉSUS ET A MARIE.

A JÉSUS ET A MARIE.

***

JÉSUS! MARIE! VOUS FAITES MON BONHEUR.

Air n° 56.

Il est deux noms que j'aime à proférer :
Ce sont les noms de Jésus, de Marie.
Je sens qu'alors mon âme est attendrie ;
Je sens mon cœur tressaillir, soupirer.

REFRAIN.

Jésus ! Marie !
O noms pleins de douceur,
Vrai charme de la vie,
Vous faites mon bonheur.

Ces noms si doux, qui charment les douleurs,
Ces noms amis, que j'aime à les redire !
Ma lèvre s'ouvre au céleste sourire,
Et de mes yeux coule un torrent de pleurs.

Le jour, la nuit, aux heures du danger,
Ces noms puissants soutiennent mon courage.
Je ne crains plus, ils dissipent l'orage ;
Satan s'enfuit, Dieu vient me protéger.

J'invoquerai, quand il faudra mourir,
Ces noms sauveurs, l'espoir de ma faiblesse :
Jésus, Marie, aux cris de ma détresse,
Du haut du ciel viendront me secourir.

Et moi j'irai dans l'immortel séjour
Eterniser mes concerts de louanges,
En redisant avec les chœurs des anges
Ces noms divins, mon bonheur, mon amour.

TOUT A JÉSUS, TOUT A MARIE.

Air n° 59.

Souvent, souvent, la nuit, le jour,
Ma voix, saintement attendrie,
Redit ce doux refrain d'amour :
Tout à Jésus ! tout à Marie !

Souvent, au pied du saint autel,
Je gémis, je pleure, je prie ;
Je dis, les yeux levés au ciel :
Tout à Jésus ! tout à Marie !

Quand le démon vient m'assaillir,
Pour le terrasser je m'écrie,
En poussant un ardent soupir :
Tout à Jésus ! tout à Marie !

Quand dans une mer de douleurs
Je sens mon âme ensevelie,
Je chante, en essuyant mes pleurs :
Tout à Jésus ! tout à Marie !

Quand il faudra quitter ces lieux
Pour remonter dans ma patrie,
Je redirai victorieux :
Tout à Jésus! tout à Marie!

Est-ce bientôt, est-ce demain
Qu'au ciel j'irai, l'âme ravie,
Chanter dans les siècles sans fin :
Tout à Jésus, tout à Marie !

JÉSUS, MARIE, VOUS VIVREZ DANS MON CŒUR.

Air n° 58.

Jésus, Marie, en ce triste séjour,
Comblent mon cœur d'ineffables délices,
Je braverais les plus cruels supplices,
Pour leur montrer l'ardeur de mon amour.

REFRAIN.

O Jésus, ô Marie,
Mon espoir, mon bonheur!
Tous les jours de ma vie,
Vous vivrez dans mon cœur.

Jésus, Marie, aux jours de mes combats,
Du haut du ciel soutiennent ma faiblesse.
Dans mes douleurs le monde me délaisse ;
Eux, j'en suis sûr, ne m'abandonnent pas.

Jésus! Marie! au pied de leur autel
Oh! qu'il m'est doux de leur ouvrir mon âme !
Là, pénétré de la plus douce flamme,
Mon cœur s'épure et veut aller au ciel.

Jésus! Marie! à leurs pieds quelquefois,
Brûlant d'amour, je reste solitaire;
J'ignore alors que je suis sur la terre;
Le ciel s'incline, et Dieu vient, je le vois.

Jésus! Marie! ô noms dignes d'amour!
Pour les chanter à moi que tout s'unisse;
Comme le mien que tout cœur les bénisse:
Ils daigneront nous bénir en retour.

Jésus! Marie! est-il vrai? dans les cieux
A leur enfant ils préparent un trône.
Oui, j'entrevois l'immortelle couronne,
Qu'ils poseront sur mon front glorieux.

JÉSUS, MARIE, A VOUS SEULS POUR TOUJOURS.

Air n° 57.

Avec Jésus, avec sa mère,
Je goûte le bonheur des cieux;
Tout mon désir est de leur plaire,
Et tout mon amour est pour eux.

REFRAIN.

Transporté, je m'écrie,
Mille fois tous les jours:
O Jésus, ô Marie,
A vous seuls pour toujours!

J'aime à redire leurs louanges,
Prosterné devant leur autel;
Il me semble, au milieu des anges,
Prendre part aux hymnes du ciel.

Pour eux sans cesse je soupire ;
Pour eux, à chaque instant du jour,
Je fais sur ma pieuse lyre
Résonner les chants de l'amour.

Dans les sentiers de la sagesse
Ils daignent diriger mes pas ;
Et pour ménager ma faiblesse,
Ils me portent entre leurs bras.

Quand, au bruit affreux de l'orage,
Le trouble règne dans mon cœur,
Leur doux sourire m'encourage,
Et les flots calment leur fureur.

Ils répondent à ma prière
Par mille bienfaits précieux...
Ils sont près de moi sur la terre,
Près d'eux je serai dans les cieux.

A JÉSUS.

A JÉSUS.

AMOUR A JÉSUS DÈS LA JEUNESSE.

Air n° 72.

Servons Jésus aux beaux jours du jeune âge ;
Allons souvent prier à son autel.
Dès aujourd'hui prenons-le pour partage.
Aimer Jésus, c'est s'assurer le ciel.

CHŒUR.

Amour, amour à l'époux de notre âme !
Amour, amour à notre doux Sauveur !
Divin Jésus, de votre sainte flamme,
Venez, venez embraser notre cœur.

A ses plaisirs le monde nous convie ;
Mais qui voudrait de son bonheur d'un jour ?
C'est en Jésus qu'est la source de vie,
C'est à Jésus que sera notre amour.

N'aimons que lui, car lui seul est aimable ;
N'aimons que lui, lui seul peut rendre heureux.
Dans son amour quelle paix ineffable !
C'est l'avant-goût de l'ivresse des cieux.

Sa douce voix tous les jours nous appelle ;
Sa main sur nous s'étend pour nous bénir.
Vivons, vivons sur son cœur, sous son aile ;
Et là d'amour puissions-nous tous mourir !

JÉSUS EST L'ÉPOUX DE MON AME.

Air n° 28.

Jésus est l'époux de mon âme,
Jésus est l'ami de mon cœur ;
C'est lui qui m'inspire et m'enflamme ;
Et son amour fait mon bonheur.

Embrasé de l'amour extrême
Dont brûlent les cœurs des élus,
Je dis sans cesse : Je vous aime,
Je vous aime, mon doux Jésus !

Adieu, vanités de la terre !
Je quitte tout pour être à lui.
Heureux le cœur qui sait lui plaire !
A-t-il besoin d'un autre appui ?

Hé ! que m'importent tes richesses
Et tes plaisirs, monde trompeur ?
Jésus, par ses douces caresses,
Comble les désirs de mon cœur.

Depuis qu'il est mon doux partage,
L'amertume se change en miel.
Oh ! si je l'aimais davantage
Je goûterais la paix du ciel !

Oh ! quelle source de délices !
Oh ! quel océan de douceurs !
Mon Dieu, que sont nos sacrifices
Pour mériter tant de faveurs !

JÉSUS EST MON AMOUR.

Air n° 60.

Jésus est mon amour,
Jésus est mon partage.
Jusqu'à mon dernier jour
Je veux lui rendre hommage :
Jésus est mon amour.

Jésus est mon appui.
Il aide ma faiblesse ;
Mon âme trouve en lui
Les dons de la sagesse :
Jésus est mon appui.

Jésus est mon trésor,
Mon Sauveur et mon père ;
Comment pourrais-je encor
M'attacher à la terre ?
Jésus est mon trésor.

Jésus est ma douceur.
Il console mon âme ;
Il dilate mon cœur,
Qu'il brûle de sa flamme .
Jésus est ma douceur.

Jésus est mon espoir.
A la fin de ma vie
J'irai, j'irai le voir
Dans l'heureuse patrie.
Jésus est mon espoir.

JÉSUS, OH! QUE JE L'AIME!

Air n° 62.

Jésus, ah! c'est la bonté même ;
C'est mon Dieu, mon roi, mon Sauveur.
Je dis sans cesse avec bonheur :
    Jésus, oh! que je l'aime !

Pour moi sa tendresse est extrême :
C'est lui qui veille sur mes jours.
Mon cœur répétera toujours :
    Jésus, oh! que je l'aime !

Satan, par plus d'un stratagème,
Cherche à perdre mon faible cœur ;
Jésus me rend toujours vainqueur.
    Jésus, oh! que je l'aime !

Au monde je dis anathème ;
Anathème à tous ses plaisirs ;
A Jésus seul tous mes soupirs :
    Jésus, oh! que je l'aime !

Après ma mort, d'un diadème
Il ornera mon front joyeux ;
Je redirai le chant des cieux :
    Jésus, oh! que je l'aime !

TOUJOURS JÉSUS.

Air n° 63.

Le seul objet qui captive mon âme,
Le seul objet qui m'anime et m'enflamme,
C'est mon Jésus, mon aimable Sauveur,
C'est mon Jésus, c'est le Dieu de mon cœur.

REFRAIN.

Plein d'allégresse,
J'unis sans cesse
Ma faible voix à la voix des élus ;
Je dis comme eux : Toujours, toujours Jésus !

Oh ! qu'on est bien en sa sainte présence !
Pauvre pécheur, j'y trouve l'abondance ;
Il me caresse, il m'embrasse, et mes pleurs
Sont essuyés par le Dieu des douceurs.

Moi, pour répondre à sa tendresse extrême,
Avec transport, je veux l'aimer, je l'aime ;
Je veux l'aimer, je l'aime ; et chaque jour
Je sens mon cœur brûler de plus d'amour.

Je veux l'aimer, l'aimer toute ma vie !
Ce cri d'amour m'assure la patrie.
L'aimer, l'aimer, ô bienheureux destin !
L'aimer... mourir... et puis l'aimer sans fin !..

8

TU SAIS COMBIEN JE T'AIME.

Air n° 4.

Jésus, objet de ma tendresse,
Jésus, mon espoir, mon bonheur,
Bénis les vœux que je t'adresse
Dans les élans de ma ferveur.

CHŒUR.

Tu sais combien je t'aime ;
O Dieu la bonté même !
Ah ! prends soin de mes jours
Toujours.

Seigneur, dès que j'ai pu comprendre
L'amour que ton cœur a pour moi,
D'une ardeur plus vive et plus tendre
Le mien s'est embrasé pour toi.

Dès que j'ai ressenti tes charmes,
J'ai dû céder à tes attraits ;
J'ai versé de si douces larmes
Au souvenir de tes bienfaits !

Pour toi mon âme se consume
Dans les flammes du saint amour,
Comme le pur encens qui fume
Devant tes autels chaque jour.

Ecoute, écoute ma prière :
Porte du ciel, daigne t'ouvrir !
D'amour je languis sur la terre...
D'amour si je pouvais mourir !

JE L'AI TROUVÉ, CELUI QUE MON CŒUR AIME.

Air n° 7.

Je l'ai trouvé, Celui que mon cœur aime,
Que nuit et jour appellent mes soupirs :
C'est mon Jésus, qui m'aima tant lui-même,
C'est mon Jésus, l'objet de mes désirs.

CHŒUR.

Disparaissez, trompeuses créatures,
Vous n'aurez plus l'hommage de mon cœur ;
Dieu m'a conduit à des sources plus pures,
Et je m'enivre au torrent du bonheur.

Sûr en l'aimant d'être heureux sur la terre,
J'ai tout quitté pour m'attacher à lui,
Pour le servir, l'honorer et lui plaire,
Pour mériter son bienfaisant appui.

O sort heureux, ô sort rempli de charmes !
Je dors en paix sur son sein paternel.
Tous mes transports, mes soupirs et mes larmes,
Tout mon amour sont pour lui, pour le ciel.

Je foule aux pieds ces fragiles richesses,
Ces faux plaisirs qui ne font point d'heureux.
Par ses bienfaits, par ses chastes caresses,
Jésus remplit, Jésus comble mes vœux.

O bonheur pur, ô célestes délices !
Je suis à Dieu, Dieu lui-même est à moi.
Seigneur, Seigneur, les plus doux sacrifices
Sont toujours ceux qu'on s'impose pour toi.

JE SUIS HEUREUX SOUS VOTRE EMPIRE.

Air n° 64.

Vive Jésus !.. de mon jeune âge
Jésus est le guide et l'appui ;
Il est à moi, je suis à lui :
O sort heureux, ô doux partage !

REFRAIN.

Divin Jésus, tendre Sauveur,
Je suis heureux sous votre empire.
Faites, mon Dieu, qu'un jour j'expire
Dans votre amour, sur votre cœur.

Jésus, prévenant ma prière,
Me prodigue tous ses bienfaits.
Il m'abreuve au fleuve de paix ;
Il m'inonde de sa lumière.

Jésus me revêt de sa grâce,
Jésus m'assure un trône aux cieux ;
Par un sourire gracieux
Il m'aide à marcher sur sa trace.

Dans le danger il m'encourage ;
Il me garde au fort des combats ;
Ce Dieu si bon m'ouvre ses bras
Pour m'abriter pendant l'orage.

Jésus, s'il voit couler mes larmes,
Accourt aux cris de ma douleur :
Son aspect me rend le bonheur,
Sa voix dissipe mes alarmes.

Je l'entends qui me dit : Espère,
Bientôt au céleste séjour,
Dans les transports du saint amour,
Tu régneras avec ton père.

SERMENT DE FIDÉLITÉ A JÉSUS.

Air n° 64.

Le monde en vain me sourit et m'appelle,
C'est à Jésus que j'ai donné mon cœur.
Je l'ai juré, je lui serai fidèle :
Lui seul, lui seul fera tout mon bonheur.

L'enfer en vain me fait sentir sa rage ;
Je ne crains rien, Jésus est mon appui,
Mon doux trésor, mon amour, mon partage :
Rien ne pourra me séparer de lui.

Pour moi toujours il a de nouveaux charmes ;
Il m'enrichit de ses divins bienfaits ;
Dans mes combats il me fournit des armes...
Et je pourrais l'oublier!.. non jamais !

Oh! que de fois j'éprouvai sa clémence !
J'en ai reçu mille gages d'amour.
Oui, tout m'invite à la reconnaissance :
Je veux l'aimer... je l'aime sans retour.

Je suis heureux, je nage dans l'ivresse
Depuis le jour où j'ai choisi Jésus,
Je veux l'aimer, sa charité me presse ;
J'ai tout en lui ; que voudrais-je de plus ?

GLOIRE A JÉSUS.

Avant ou pendant un exercice religieux.

Air n° 72.

Gloire à Jésus ! gloire, gloire et louanges
A notre père, à l'aimable Sauveur !
Mêlons nos voix aux douces voix des Anges,
Pour exalter le Dieu de notre cœur.

CHŒUR.

Gloire à Jésus, du couchant à l'aurore !
Gloire à Jésus jusqu'au plus haut des cieux !
Que l'univers le bénisse et l'adore !
Gloire à Jésus, en tout temps, en tous lieux !

Gloire à Jésus ! c'est un cri d'allégresse ;
Gloire à Jésus ! c'est un refrain d'amour.
Gloire à Jésus ! c'est le cri de l'ivresse ;
Qu'il retentisse ici-bas nuit et jour.

Gloire à Jésus ! c'est le cri de victoire
Qu'ensemble au ciel répètent les élus.
Comme eux un jour, couronnés dans la gloire,
Nous chanterons : gloire, amour à Jésus !

LOUANGES A JÉSUS.

Air n° 1.

Pour vous bénir, Seigneur, pour chanter vos louanges,
Nous venons pleins de joie au pied de votre autel :
Puissent nos cris d'amour, recueillis par les Anges,
Arriver jusqu'à vous, aux régions du ciel !

CHŒUR.

O doux Sauveur, ô Dieu, dont la présence
Nous fait goûter tout le bonheur des cieux,
Nos cœurs, nos voix chantent votre clémence :
Oh! bénissez et nos chants et nos vœux.

C'est dans ces lieux sacrés qu'on apprend à connaître
Combien sous votre joug on trouve de douceur ;
C'est là qu'on est heureux, c'est là qu'on sent renaître
L'espérance, l'amour et la vie en son cœur.

O divin Rédempteur, quelle est votre tendresse !
Vous ne dédaignez point d'habiter parmi nous ;
Vous prévenez nos vœux, vous répandez sans cesse
Sur nos cœurs étonnés vos bienfaits les plus doux.

Qu'un juste ou qu'un pécheur vous cherche, vous implore,
Vous vous montrez à lui, vous lui tendez les bras.
Dieu si bon, Dieu si doux, ah! pourriez-vous encore
Trouver des cœurs glacés, pleurer sur des ingrats?

A ses enfants chéris vit-on jamais un père
Prodiguer tant de soins, témoigner tant d'amour?
Vous seul savez aimer, Sauveur en qui j'espère.
Ah! puissions-nous du moins vous payer de retour !

QUE J'AIME A CHANTER JÉSUS.

Air n° 65.

Applaudissez à mes chants de victoire,
Anges du ciel, animez ma ferveur.
De mon Jésus je célèbre la gloire,
De mon Jésus je chante la douceur.

REFRAIN.

Longtemps avant l'aurore,
A chaque instant du jour,
Je te chante et t'implore,
O Jésus, mon amour !

Il est si doux de chanter ce qu'on aime !
Je suis heureux quand je chante Jésus :
Emu, ravi, dans mon ardeur extrême
J'emprunte au ciel les accents des élus.

Quand vient la nuit et qu'au loin tout sommeille,
Je chante encor mon aimable Sauveur ;
Je pense à lui dès que je me réveille,
Et puis je chante en lui donnant mon cœur.

Je veux chanter même à l'heure dernière,
Chanter Jésus par un dernier effort,
Chanter Jésus en quittant cette terre,
Chanter Jésus en entrant dans le port.

JÉSUS S'OFFRE POUR NOUS.

A l'Offertoire.

Air n° 75.

Celui que l'homme adore et que l'ange révère,
Qui pour sauver le monde a bien voulu mourir,
Dans ces heureux moments, sur un nouveau Calvaire,
Conduit par son amour, va monter et s'offrir.

SOLO. Un feu divin m'enflamme,
Je sens couler mes pleurs,

DUO. Et j'éprouve en mon âme
Les plus chastes douceurs.

CHŒUR. C'est notre Dieu ; que la victime est grande !
A lui donnons-nous en retour :
Rendons-lui tous offrande pour offrande,
Cœur pour cœur, amour pour amour.

Il est tout à la fois la victime et le prêtre,
C'est de ses propres mains qu'il daigne s'immoler...
A genoux ! à genoux ! le Seigneur va paraître ;
Bientôt nos yeux ravis pourront le contempler.

Il va renouveler l'auguste sacrifice :
Il va mourir encor pour se donner à nous,
Pour nous ouvrir le ciel, nous rendre Dieu propice,
Nous sauver à jamais des traits de son courroux.

Prosternés à ses pieds, bénissons sa tendresse ;
Ah ! de ses feux si doux laissons-nous enflammer.
Aimons le Dieu d'amour : sa charité nous presse...
Que nous serons heureux, si nous savons l'aimer !

CHANTS D'AMOUR A JÉSUS.

Pour l'Élévation.

Air n° 74.

SOLO.

Voici Jésus! tous, le front vers la terre,
Tous adorons le Sauveur d'Israël ;
Adressons-lui notre ardente prière,
Et déposons nos cœurs sur son autel.

DUO.

O doux Sauveur, pleins d'une sainte ivresse,
Le cœur brûlant, nous t'adressons nos vœux.
Si nous pouvions mériter ta tendresse,
Divin Jésus, que nous serions heureux !

TRIO.

Ah ! tu le vois, nos yeux sont pleins de larmes,
Nous soupirons de bonheur et d'amour.
Puisqu'en ces lieux nous admirons tes charmes,
Ah ! daigne au ciel nous apparaître un jour.

SOLO.

Sachons jouir de sa sainte présence ;
Il tient ouverts ses trésors précieux.
Offrons nos cœurs à ce Dieu de clémence,
Et dans le sien puisons les biens des cieux.

TRANSPORTS DE JOIE A L'ASPECT DE JÉSUS.

Pour l'Élévation.

Air n° 73.

Jésus paraît dans cette auguste enceinte,
Il obéit à la voix d'un mortel.
Ce Dieu d'amour, cette victime sainte,
Vient de nouveau s'immoler sur l'autel.

CHŒUR.

O Dieu du ciel, caché dans ce mystère,
Vois tes enfants pleurant à tes genoux.
Pour nous sauver tu reviens sur la terre ;
Pour nous bénir tu descends parmi nous.

O doux transports! ô pur, ô saint délire !
Ce Dieu si bon se découvre à mes yeux.
Je viens de voir son céleste sourire :
Heureux moment ! je me croyais aux cieux.

Ah! c'en est trop, pourquoi tant de délices?
Non, je n'ai point mérité ces faveurs ;
Je n'avais droit qu'à d'éternels supplices,
Et tu me fais goûter mille douceurs.

Daigne, Seigneur, agréer mon hommage,
Je me consacre aujourd'hui tout à toi.
Jusqu'à la fin de mon pèlerinage,
Je veux t'aimer et vivre sous ta loi.

PRÈS DE JÉSUS QU'ON EST HEUREUX.

(Élévation ou Bénédiction.)

Air n° 66.

Près de Jésus qu'on est heureux,
Qu'on est heureux !
Le ciel sourit à tous nos vœux ;
Qu'on est heureux !
Une invisible main daigne essuyer nos larmes,
Une céleste voix dissipe nos alarmes.
Près de Jésus qu'on est heureux,
Qu'on est heureux !
Près de Jésus qu'on est heureux !

Près de Jésus qu'on est heureux,
Qu'on est heureux !
On reçoit ses dons précieux...
Qu'on est heureux !
On goûte les douceurs que donne l'espérance,
On marche vers le ciel avec plus d'assurance.
Près de Jésus qu'on est heureux,
Qu'on est heureux !
Près de Jésus qu'on est heureux !

Près de Jésus qu'on est heureux,
Qu'on est heureux !
On y brûle des plus doux feux.
Qu'on est heureux !
L'aspect d'un Dieu si bon charme, ravit, enflamme,
Une indicible joie inonde, enivre l'âme.
Près de Jésus qu'on est heureux,
Qu'on est heureux !
Près de Jésus qu'on est heureux !

Près de Jésus qu'on est heureux !
Qu'on est heureux !
On goûte le bonheur des cieux.
Qu'on est heureux !
On se croit avec lui parmi les chœurs des anges,
Et l'on prend leur amour pour chanter ses louanges.
Près de Jésus qu'on est heureux
Qu'on est heureux !
Près de Jésus qu'on est heureux !

SALUT A LA SAINTE EUCHARISTIE.

Pour l'Élévation ou la Bénédiction.

Air n° 76.

Salut, salut, divine Eucharistie,
Toi dont l'aspect fait tressaillir mon cœur.
O Dieu caché dans cette sainte hostie,
Jésus, mon roi, Jésus, mon seul bonheur !

Salut, salut, ô Dieu plein de tendresse,
Toi que j'implore à chaque instant du jour !
Daigne exaucer les vœux que je t'adresse,
Jésus, mon roi, Jésus, mon seul amour.

Salut, salut, ô Dieu plein de clémence !
Ah ! laisse-moi reposer sur ton sein,
Pour y goûter la paix de l'innocence,
Jésus, mon roi, Jésus, mon seul soutien.

Salut, salut, ô Dieu rempli de charmes !
Ah ! dans le ciel quand pourrai-je te voir ?
Viens terminer mes langueurs, mes alarmes,
Jésus, mon roi, Jésus, mon seul espoir !

PRIÈRE A MARIE.

Pour la première Communion.

Air n° 78.

LES ENFANTS.

Nous soupirons d'amour après le pain de vie,
Après ce Dieu qui fait le bonheur des élus.
Mère du Rédempteur, ô divine Marie,
Conduisez-nous vous-même à votre fils Jésus.

LE PEUPLE, EN CHŒUR.

Reine auguste des cieux, aimable et tendre Mère,
Ah! daignez exaucer les désirs innocents,
Les soupirs pleins d'amour, la brûlante prière
De ces élus de Dieu, de ces heureux enfants.

LES ENFANTS.

Nos cœurs brûlent déjà de la divine flamme,
Ils palpitent d'amour, tous nos sens sont émus.
Mais vous, Vierge, donnez plus d'amour à notre âme :
Peut-on assez aimer le doux Sauveur Jésus?

Quand viendra-t-il?.. voyez l'ardeur qui nous dévore,
Hâtez l'heureux moment, ne le retardez plus.
Si notre bienaimé voulait attendre encore,
Oh! dites-lui qu'il vienne... Oui, venez, ô Jésus!

Il vient, ce Dieu d'amour, par ces saintes prémices,
Féconder en nos cœurs le germe des vertus;
Il vient nous enivrer des plus pures délices....
O bonheur, le voici!... Nous possédons Jésus!

ÉLANS VERS JÉSUS.

Pour la première Communion.

Air n° 77.

LE PEUPLE.

Heureux enfants, tressaillez d'allégresse :
Votre Jésus vous appelle aujourd'hui.
Il vient, il vient, ce Dieu plein de tendresse ;
Brûlants d'amour, oh! volez tous à lui.

LES ENFANTS, EN CHŒUR.

En ce beau jour notre Dieu nous appelle
Pour nous bénir, pour se donner à nous.
Volons à lui, transportés d'un saint zèle ;
Nous goûterons le bonheur le plus doux.

LE PEUPLE.

Il vient à vous comme un sauveur, un père ;
Ah! c'est ici votre premier beau jour...
Sa majesté remplit ce sanctuaire ;
Ouvrez vos cœurs, voici le Dieu d'amour !

Voyez, enfants, combien il est aimable :
Du haut du ciel il vient vous visiter,
Et vous nourrir de sa chair adorable.
A tant d'amour pourriez-vous résister?

Il vous promet son bonheur, ses richesses ;
Accourez donc, hâtez, hâtez vos pas.
Pour vous combler des plus douces caresses,
Il vous attend, il vous ouvre les bras.

S'il est caché dans cette sainte hostie,
C'est pour s'unir aux cœurs purs et pieux :
Allez, allez, puiser en lui la vie,
Les plaisirs purs, la douce paix des cieux.

BÉNISSEZ LE SEIGNEUR.

Actions de grâces après la première Communion.

Air n° 78.

LE PEUPLE.

Bénissez le Seigneur, célébrez ses louanges,
Vous tous qu'il a nourris du pain des bienheureux ;
Empruntez les accents des élus et des anges :
Vous êtes des élus et des anges comme eux.

LES ENFANTS, EN CHŒUR.

Bénissons le Seigneur, célébrons ses louanges,
Nous tous qu'il a nourris du pain des bienheureux ;
Empruntons les accents des élus et des anges :
Nous sommes des élus et des anges comme eux.

LE PEUPLE.

Bénissez le Seigneur, bénissez-le sans cesse,
Oh ! n'oubliez jamais l'excès de son amour ;
Exaltez son saint nom, publiez sa tendresse,
Jusqu'au dernier instant de votre dernier jour.

LES ENFANTS.

Bénissons le Seigneur, bénissons-le sans cesse,
Oh ! n'oublions jamais l'excès de son amour ;
Exaltons son saint nom, publions sa tendresse,
Jusqu'au dernier instant de notre dernier jour.

LE PEUPLE.

Bénissez le Seigneur, et soyez-lui fidèles ;
Ah! mettez à profit les dons qu'il vous a faits.
Chantez, chantez toujours ses bontés paternelles ;
Toujours vous aurez part à ses divins bienfaits.

LES ENFANTS.

Bénissons le Seigneur, et soyons-lui fidèles ;
Ah! mettons à profit les dons qu'il nous a faits.
Chantons, chantons toujours ses bontés paternelles ;
Toujours nous aurons part à ses divins bienfaits.

LE PEUPLE.

Bénissez le Seigneur, et vivez pour lui plaire ;
Devenez chaque jour plus sages, plus pieux.
En sortant de ce monde, en quittant cette terre,
Vous irez le bénir à jamais dans les cieux.

LES ENFANTS.

Bénissons le Seigneur, et vivons pour lui plaire ;
Devenons chaque jour plus sages, plus pieux.
En sortant de ce monde, en quittant cette terre,
Nous irons le bénir à jamais dans les cieux.

VENEZ DANS MON CŒUR.

Avant la Communion.

Air n° 68.

Elle apparaît enfin, cette aurore si belle,
Où je dois posséder mon époux, mon Sauveur.
Je vois ses bras s'ouvrir, je l'entends qui m'appelle.
Venez, mon doux Jésus, oh ! venez dans mon cœur !

Encor quelques moments, et le Dieu de mon âme
Viendra s'unir à moi pour faire mon bonheur,
Me combler de ses dons, m'embraser de sa flamme.
Venez, mon doux Jésus, oh ! venez dans mon cœur !

Je le vois, ô bonheur ! oui, c'est le Dieu que j'aime,
Je ne puis contenir l'élan de ma ferveur.
Cédez à mes désirs, à mon ardeur extrême ;
Venez, mon doux Jésus, oh ! venez dans mon cœur !

C'est lui seul que je veux, lui seul que je désire :
Oh ! quel autre que lui peut donner le bonheur ?
A ses pieds prosterné, je gémis, je soupire.
Venez, mon doux Jésus, oh ! venez dans mon cœur !

TRANSPORTS DE JOIE.

Avant la Communion.

Air n° 69.

Voici l'heureux moment ! guidé par sa tendresse,
Le fils du Roi des cieux paraît sur son autel.
En attendant l'époux, je goûte l'allégresse
Et l'indicible paix qui règne dans le ciel.

O prodige d'amour ! mon Rédempteur s'avance,
Il vient plein de douceur pour se donner à moi ;
Il vient, ce Dieu si bon, me prouver sa clémence,
Ranimer ma langueur, et consoler ma foi.

Le Roi de l'univers, l'auteur de la nature,
Celui que tout le ciel ne saurait contenir,
Vient d'en haut visiter son humble créature,
Et par des nœuds d'amour à mon néant s'unir.

Oh ! comment exprimer ce qu'éprouve mon âme?
Jésus est avec moi, Jésus est dans mon cœur !
Un saint zèle m'anime, un feu divin m'enflamme :
Mes vœux sont satisfaits, j'ai trouvé le bonheur.

Je ne suis que néant, je ne suis que poussière :
Que donnerai-je donc pour payer tant d'amour ?
Je donnerai mon cœur, mon sang, ma vie entière ;
J'ai tout reçu de lui, je dois tout en retour.

O Dieu plein de tendresse, agréez mon offrande.
Rendez-moi chaque jour moins indigne de vous ;
Rendez mon cœur plus pur et ma ferveur plus grande.
Vous plaire, ô mon Jésus, est-il bonheur plus doux?

ÉLANS D'AMOUR.

Avant la Communion.

Air n° 67.

En ce moment, de sa voix douce et tendre,
Jésus, mon roi, vient parler à mon cœur.
Mon cœur palpite; oh! que j'aime à l'entendre!
Un mot de lui me donne le bonheur.

Viens, me dit-il, tu verras ma tendresse;
Viens, mon enfant, goûter les vrais plaisirs.
Je vais, Seigneur, tressaillant d'allégresse,
Le cœur rempli des plus ardents désirs.

Mon front s'incline à la table des anges,
J'attends le Dieu qui va me transformer.
O saints du ciel, prêtez-moi vos louanges,
Et donnez-moi votre cœur pour l'aimer.

Dieu de bonté, viens, oh! viens dans mon âme!
Viens, je t'attends depuis l'aube du jour.
Je sens en moi les ardeurs de ta flamme :
Viens au plus tôt, viens! je languis d'amour.

Divin Jésus, ô Sauveur plein de charmes,
Quoi! sur mon cœur tu daignes reposer!
Ma voix se meurt, je sens couler mes larmes...
Ah! c'en est trop, mon cœur va se briser!

Je puise en toi la plus vive allégresse;
De ton amour je connais les secrets.
Parle à mon cœur, ô Dieu plein de tendresse;
Rends-le toujours sensible à tes attraits.

Tu m'aimeras, mon enfant, je l'espère ;
Moi, tu le sais, je t'aimai le premier.
Je suis ton Dieu, ton Sauveur, et ton père ;
Je suis à toi : Sois à moi tout entier.

Oui, mon Jésus, oui, j'en fais la promesse,
Je t'aimerai toujours de plus en plus.
Puissé-je un jour, pour chanter ta tendresse,
Unir ma voix à la voix des élus.

OH! VIVEZ DANS MON CŒUR.

Après la Communion.

Air nº 68.

Oh! que je suis heureux! je possède en moi-même
Le Dieu puissant du ciel, mon roi, mon créateur.
J'ai compris son amour, je lui dis que je l'aime...
Vivez, mon doux Jésus, oh! vivez dans mon cœur!

Je pleure de bonheur; coulez, coulez, mes larmes :
J'ai vu le paradis, j'en goûte la douceur ;
Je l'ai vu; bienaimé, que vous avez de charmes!
Vivez, mon doux Jésus, oh! vivez dans mon cœur.

Que puis-je désirer au ciel et sur la terre?
Le Seigneur est à moi, quel trésor! quel bonheur!
Il entend mes soupirs, il entend ma prière....
Vivez, mon doux Jésus, oh! vivez dans mon cœur!

Pour un si grand bienfait que pourrai-je lui rendre?
Je méritais si peu cette douce faveur !
Je l'aimerai toujours de l'amour le plus tendre :
Vivez, mon doux Jésus, oh! vivez dans mon cœur!

Jésus est avec moi, je ne crains plus l'orage,
Et des flots soulevés je brave la fureur...
Dès qu'il me guide au port, comment faire naufrage!
Vivez, mon doux Jésus, oh! vivez dans mon cœur!

DIEU VIT EN MOI.

Après la Communion.

Air n° 70.

Il est à moi, celui que mon cœur aime,
Mon doux Jésus, mon Sauveur et mon roi;
Je le possède au-dedans de moi-même:
Je ne vis plus, c'est Dieu qui vit en moi.

C'est sur son cœur que mon cœur se repose,
Et je ressens la douceur de sa loi.
A mon bonheur, non, plus rien ne s'oppose:
Je ne vis plus, c'est Dieu qui vit en moi.

C'est lui, lui seul qui m'anime et m'inspire,
Lui qui soutient, qui raffermit ma foi;
Par lui, pour lui sans cesse je soupire:
Je ne vis plus, c'est Dieu qui vit en moi.

Monde trompeur, tes promesses sont vaines!
C'est à Jésus que j'ai donné ma foi.
Son sang divin circule dans mes veines:
Je ne vis plus, c'est Dieu qui vit en moi.

Divin Sauveur, achève ton ouvrage,
Change, détruis ce qui n'est pas à toi;
Et je dirai plein d'un nouveau courage:
Je ne vis plus, c'est Dieu qui vit en moi.

BÉNISSEZ VOTRE PEUPLE.

Air n° 80.

Bénissez, ô mon Dieu, votre peuple fidèle,
Qui tend les bras vers vous, qui vous offre ses vœux.
Vous répondez toujours au cœur qui vous appelle ;
Exaucez nos désirs, vous nous rendrez heureux.

Bénissez, doux Sauveur, ceux que votre présence
Retient en ces saints lieux pour chanter votre amour ;
Accordez, s'il vous plaît, ô Dieu plein de clémence,
Aux justes la ferveur, aux pécheurs le retour.

Bénissez vos enfants, ô père le plus tendre ;
Enrichissez nos cœurs de vos dons précieux.
Nous espérons en vous ; ô Dieu, daignez nous rendre
Dignes de votre amour, et du bonheur des cieux.

Bénissez-nous toujours : il n'est sur cette terre
Que dangers, que combats ; daignez nous secourir !
Comme le nourrisson délaissé de sa mère,
Sans votre appui bientôt vos enfants vont périr.

Bénissez-nous surtout en notre dernière heure :
La mort sera pour nous un bienfaisant sommeil ;
Elle nous portera jusqu'à votre demeure,
Et vous viendrez sourire à notre doux réveil.

BÉNISSEZ-NOUS.

Air n° 71.

Divin Jésus, ô tendre père,
Ami si bon, Sauveur si doux,
Ecoutez notre humble prière :
Du haut du ciel bénissez-nous.

Les yeux remplis de douces larmes,
Nous soupirons à vos genoux :
Dieu plein d'attraits, Dieu plein de charmes,
Du haut du ciel bénissez-nous.

Pleins de ferveur, pleins d'espérance,
Nous élevons les mains vers vous :
Dieu de bonté, Dieu de clémence,
Du haut du ciel bénissez-nous.

Dans les transports d'un nouveau zèle
Nous jurons de vous aimer tous :
Pour rendre notre cœur fidèle,
Du haut du ciel bénissez-nous.

SERMENT D'AMOUR.

Au sortir d'un exercice religieux.

Air n° 73.

De notre Dieu présent nous avons vu la gloire,
Nous avons adoré le Souverain des cieux.
De ses nouveaux bienfaits conservons la mémoire,
Et chantons son amour, puisqu'il nous rend heureux.

SOLO.
Je pleure et je soupire
En quittant son autel ;

DUO.
Mais je l'entends me dire :
On me revoit au ciel.

CHŒUR.
D'un Dieu si bon et si plein de clémence
Ne perdons pas le souvenir ;
Vivons toujours en sa sainte présence,
Vivons toujours pour le bénir.

S'il faut nous éloigner de son doux sanctuaire,
Donnons-lui notre cœur ; jurons, jurons-lui tous
De vivre pour l'aimer, de vivre pour lui plaire,
Et de mourir pour lui, puisqu'il est mort pour nous.

Nous le jurons, Seigneur, transportés d'allégresse :
Nous n'aurons d'autre Dieu, d'autre maître que toi ;
Nous publierons partout les dons de ta tendresse ;
Nous marcherons toujours aux sentiers de ta loi.

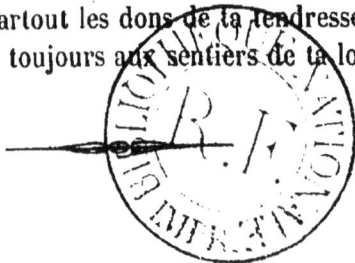

TABLE DES CANTIQUES

Rangés sous leurs titres et dans l'ordre qu'ils occupent dans le texte, avec des
indications sommaires propres à en faire saisir le classement
et à faciliter les recherches.

(Dans cette table et dans la suivante, le premier chiffre indique la page du texte ;
le second , le numéro des airs notés)

I. — CANTIQUES A MARIE.

III. — CANTIQUES A JÉSUS.

AMOUR, FIDÉLITÉ, HOMMAGES A JÉSUS.

CHANTS POUR DIVERSES CIRCONSTANCES.

OFFERTOIRES, ÉLÉVATIONS.

PREMIÈRE COMMUNION.

COMMUNION.

BÉNÉDICTION; FIN D'UN EXERCICE RELIGIEUX.

IIᴱ TABLE,

Présentant dans l'ordre alphabétique le premier vers de chaque cantique.

www.ingramcontent.com/pod-product-compliance
Lightning Source LLC
Chambersburg PA
CBHW052357090426

42739CB00011B/2402